Rosalie Hötzer
Pflanzenreich
Gartenparadiese in Höhenlagen

VERLAG ANTON PUSTET

Impressum

Bibliografische Information der Deutschen Nationalbibliothek
Die Deutsche Nationalbibliothek verzeichnet diese Publikation
in der Deutschen Nationalbibliografie; detaillierte bibliografische
Daten sind im Internet über http://dnb.d-nb.de abrufbar.

© 2014 Verlag Anton Pustet
5020 Salzburg, Bergstraße 12
Sämtliche Rechte vorbehalten.

In Zusammenarbeit mit Arche Lungau und Slow Food Lungau
www.tauernroggen.at

Umschlagfoto: Mit Genehmigung von shutterstock.com, © Milan Bruchter 2014
Grafik und Layout: Tanja Kühnel
Satz: Andreas Aigner
Lektorat: Martina Schneider
Druck: Druckerei Theiss, St. Stefan im Lavanttal
Gedruckt in Österreich

ISBN 978-3-7025-0748-0

www.pustet.at

Dank

Meinen besonderen Dank an alle, die mitgeholfen und das Buch mitgestaltet haben:
Michael Machatschek, Annemarie Noll, Marlies Zaunbauer, Lisa Hager, Anna Gruber, Andrea Schlick.

Besonderen Dank den Fotografen Ernst Rainer und Rudi Strauß und allen, die mit ihren Gartengeschichten zum Gelingen des Buches beigetragen und ihre Zeit zur Verfügung gestellt haben.

Inhalt

12 Reichtum in den Gärten

Zederhaus
20 Pflanzen für Insekten, *Regina und Maria Mehrl*
22 Lebensqualität, *Annemarie und Andreas Gfrerer*
25 Erweiterter Wohnraum, *Hannl und Hans Gfrerer*

Muhr
27 Alle Erzeugnisse vom eigenen Hof, *Marianne Lanschützer*
29 Ein eigener Forstgarten, *Hanna und Peter Aigner*

St. Michael
31 Im Frühjahr, *Anna Gruber*
32 Der Garten als Lebenselixier, *Lisi Huber*
34 Ein Fachmanngarten, *Robert Franz Pfeifenberger*
36 Gartenleben – Veränderung, Anpassung, Umbau, *Marlies und Franz Zaunbauer*
39 Die grüne Hölle, *Elisabeth Hofer*
42 Balsam für die Seele, *Ferienanlage Hapimag*
44 Mein Terrassengarten, *Andrea Schlick*

St. Margarethen
46 Keine Absatzprobleme, *Katharina und Peter Stiegler*
48 Nichts ist für die Ewigkeit, *Liesi Strauß und Raimund Enzinger*

Unternberg
50 Marke Eigenbau, *Brunhilde und Michael Fanninger*
52 Eigenversorgung als Lebensprinzip, *Elisabeth und Sepp Lüftenegger*
54 Unkraut für die Küche, *Christl und Ernst Rainer*
57 Mit Liebe gärtnern, *Erna Santner*
59 Tor zum Schlaraffenland, *Rosi Rainer*
62 Der Garten ist mein Hobby, ich kann es nicht lassen, *Maria und Raimund Lüftenegger*

Thomatal
65 Man hat es einfach „drin", *Cilli Fötschl*
67 Gartengeschenke, *Anni und Erwin Bauer*
69 Sinnvolle Arbeit, *Martina und Martin Gautsch*

Ramingstein
    72 Erinnerung an das Paradies, *Martha und Hans Bogensberger*

Einach (Steiermark)
    74 Ein Gärtlein zum Staunen, *Margarethe Dröscher*

Tweng
    77 Ein Beitrag zur Eigenversorgung, *Rosi und Franz Holzer*

Mauterndorf
    79 Mit den Gegebenheiten leben lernen, *Brigitte Holzer*
    81 Gemüse für das halbe Dorf, *Marianne Stoff*

Weißpriach
    83 Mein Fitnessstudio, *Franziska Macheiner*

Mariapfarr
    86 Blumen vom Kraischaberg, *Josef Taferner*
    88 Eigene Nachzucht, *Agnes Schitter*
    90 Alles, was das Herz begehrt, *Doris Rauter*
    92 Symbiose, *Maria und Josef Prodinger*
    95 Ein Haus ist nichts ohne Garten, *Elisabeth Klingler*
    98 Mit dem ÖGP durch Mariapfarr, *Elfriede und Armin Santner*
  100 Fitness zu Hause, *Ilse Vanek*

Göriach
  102 Ziegenkäse mit Meisterwurz, *Grete und Gunther Naynar*
  105 Kräuterwissen, *Frieda Winkler*

St. Andrä
  107 Kräuter für die Blumenvase, *Margit Graggaber und Hans Gautsch*
  108 Ribiseln fürs Leben, *Elfriede Kocher*

Lessach
  111 Gut genützt, *Maria und Willi Sagmeister*

Tamsweg
  113 Arbeit muss Freude machen, *Gundi und Peter Santner*
  115 Brennnesselsamen aufs Butterbrot, *Annemarie Indinger*
  117 Zeit der Veilchen, *Elisabeth Hager*

Jungpflanzen im Gewächshaus

- 118 Winterkirschen, *Rosi und Hans Hönegger*
- 121 Ausgleich, *Maria und Hans Gappmayr*
- 123 Später ernten, *Maria Gappmayr*
- 125 Mir ist nie langweilig, *Marianne Perner*
- 127 Vieles wächst, das gar nicht gesät wurde, *Anni Lintschinger und Leni Gfrerer*

Sauerfeld
- 129 Krautland, Krautfrenten, Harland und Haar, *Flora Hötzer*
- 132 Dankbarkeit, das schönste Gefühl, *Annemarie Noll*
- 135 Klein und fein, *Maria und Franz Hönegger*
- 137 Steinreich, *Rosalie und Eduard Hötzer*

Seetal
- 140 Mit dem Garten gesund werden, Elfriede Koch

Anhang
- 144 Vorratshaltung in der bäuerlichen Vollwertküche
- 147 Möglichkeiten der Kräutertrocknung und -verarbeitung
- 148 Für vieles ist ein Kraut gewachsen
- 151 Obst- und Gartenbauvereinsgeschichte
- 152 Nachwort von Michael Machatschek
- 154 Rezeptverzeichnis

Reichtum in den Gärten

Während meiner Lehr- und Wanderjahre zu ledigen Zeiten kam ich auf einer Radtour bei dem 92-jährigen Gärtner Heinz Erven in Remagen am Rhein vorbei. Ich hatte keine Ahnung von der Gartenarbeit, doch die Begeisterung und Überzeugung des Mannes wirkten ansteckend auf mich. Heinz Erven hatte aus einer Wildnis mit Gestrüpp und riesigen Konglomeratsteinen ein Gartenparadies geschaffen. Er erfand verschiedene Anbaumöglichkeiten, ihm ist die Idee der Hochbeete zu verdanken, die heute von Gartenfachzeitschriften vielfach publiziert wird. An den Bäumen hingen Tontöpfe, mit Stroh gefüllt, als Behausung für Ohrwürmer. Ein Regenwurmwanderkasten und ein Regenwurmschaukasten dienten zur Veranschaulichung des Bodenlebens, und die optimale Kompostaufbereitung war gut erprobt. Das verschiebbare Glashaus und die Hügelbeete wirkten überzeugend, weil auf kleiner Fläche viel Gemüse gedeihen konnte. Mulch war noch unbekannt, Heinz Erven hatte ihn schon längst für sich entdeckt.

An der Einfahrt war ein riesiger Ameisenhaufen zu sehen. Erven schreibt in seinem Buch „Mein Paradies"[1] von der Wichtigkeit der Waldameise für den Gartenbau. Er hatte extra für die Ameisen eine Brücke über der Einfahrt errichtet, damit sie nicht von Autos überfahren wurden.

Der Besuch in seinem Paradies eröffnete mir den Blick für eine neue Materie. Plötzlich begann ich, mich für die Gartenarbeit zu interessieren, zumal ich zu dieser Zeit in einer Wohnbausiedlung im fünften Stockwerk mit Balkon lebte. Wenigstens einen eigenen Apfelbaum hätte ich mir gewünscht, um nicht die Äpfel im Supermarkt kaufen zu müssen. So begann ich damit, Tomaten in Töpfe zu pflanzen. Das Problem lag eigentlich nur an der Pflanzerde, die um Mitternacht von der Parkanlage geholt wurde. Die Tomaten wurden reif, an den Geschmack kann ich mich jetzt noch erinnern.

Heute habe ich einen 100 Quadratmeter großen Gemüsegarten, ein 80 Quadratmeter großes Gewächshaus, dahinter einen Kräutergarten; ein Obst- und ein Beerengarten wurden ebenfalls angelegt. Waldameisen haben sich angesiedelt.

Und ich lebe im Lungau auf 1 120 m Seehöhe, in einer Gegend, wo es sehr viele Gartenbetreiber gibt. Das Wissen von Anzucht, Pflege, Haltbarmachung und Verarbeitung wird im Lungau noch vielfach praktiziert.

Beim Lesen der Schriften über den Lungau von Ignaz Kürsinger[2], Anton, Josefine und Klaus Heitzmann[3] und Bernhard Iglhauser[4] verglich ich die Lebensweise und Ernährungsgewohnheiten der Vergangenheit mit dem, was zurzeit in den Gärten kultiviert wird. Die Schriften der Obst- und Gartenbauvereine geben eine Vorstellung von der Gründerzeit der Lungauer Gärten. Das „Krautland" gab es auf jedem Bauernhof, der Anbau von Bohnen, Getreide und Kraut wurde jahrhundertelang praktiziert. Als die Kartoffel kam, fand sie im Lungau beste Anbaubedingungen vor.

Die klimatischen Verhältnisse für den Obst- und Gartenbau müssen im Lungau, der von Johann Praxmarer als „Land der Eistränen"[5], womit die langen Eiszapfen gemeint waren, bezeichnet wurde, anders bewertet werden. Minus 27 Grad im Januar, Frost Anfang Juli, Schnee schon wieder Ende August oder lange Trockenperioden gehören zum Alltag. Anderseits sind im Sommer die Nächte erträglich kühl, der Boden ist am Morgen noch feucht vom Tau, die Blumen vertrocknen nicht so schnell, die Gartenfreuden dauern bis Mitte Oktober, weil das Kraut noch ausreifen kann und viele Blumen erst später blühen.

Auch im Lungau ist es seit Generationen üblich, die Pflanzen über den Gartenzaun hinweg zu tauschen. Dadurch erfahren die Gärten einen Reichtum an unterschiedlichsten Gewächsen. Die Selbstversorgung mit Gemüse und das Mitversorgen der Nachbarschaft, Verwandtschaft und Bekanntschaft sind bei Gärtnern eine Selbstverständlichkeit.

Selbstversorgung und Nahversorgung mit regionalen Produkten verhindern bekanntlich, dass die Waren kreuz und quer durch Europa transportiert werden müssen.

Globalisierungsgegner träumen die Vision von der Unabhängigkeit vom großen Weltmarkt. Wir alle leben von der Natur, von der Luft, vom Boden. Die vielen Kleingärtner und Gemüseanbauer sind sich vielleicht gar nicht bewusst, welche Bedeutung ihre

Karfiolernte Anfang Juni aus dem Gewächshaus

Arbeit beziehungsweise ihr Hobby für den Naturschutz hat. Der Garten wird jedes Jahr im Frühling neu bestellt, den Sommer lang betreut, im Herbst abgeerntet und das Gemüse eingelagert. Stolz und Freude über die eigenen Erzeugnisse sind meist vordergründig. Da wird nicht darüber nachgedacht, welch weitreichende Bedeutung jeder als Einzelner für die Gesamtwirtschaft leistet.

Nichtsdestotrotz hat die Arbeit der Kleingärtner nachhaltige Wirkung. Millionenstädte wie Mexiko City wären unmöglich von außen zu versorgen, wenn nicht in den Hinterhöfen Mais, Bananen und Kürbisse gepflanzt würden. Masanobu Fukuoka, ein Vordenker der Permakultur, propagierte die kleinräumige gartenbauliche Landnutzung: „Japan ist ein kleines, dicht besiedeltes Land, wovon 70 Prozent bewaldet oder bergig sind. Doch obwohl nur 30 Prozent des Landes bebaubar sind, stünden im Durchschnitt jeder Familie mehr als 4 000 qm Ackerland zur Verfügung, bestimmt genug, um die Nahrung anzubauen, die eine Familie zum Leben braucht."[6]

Die Vorratshaltung durch Einfrieren, Einkochen, Einwecken oder Einwintern beansprucht zwar sehr viel Zeit und Erfahrung, ebenso einen geeigneten Keller oder Vorratsraum. Jedoch gehört diese Weise der Selbstversorgung zu den ureigensten Tätigkeiten des Menschen, die schon seit unzähligen Generationen praktiziert wurden. Und bis vor etwa 50 Jahren musste diese Tätigkeit auch noch ausgeübt werden, damit die Versorgung der Familie, der Knechte und Mägde auf den Höfen funktionierte.

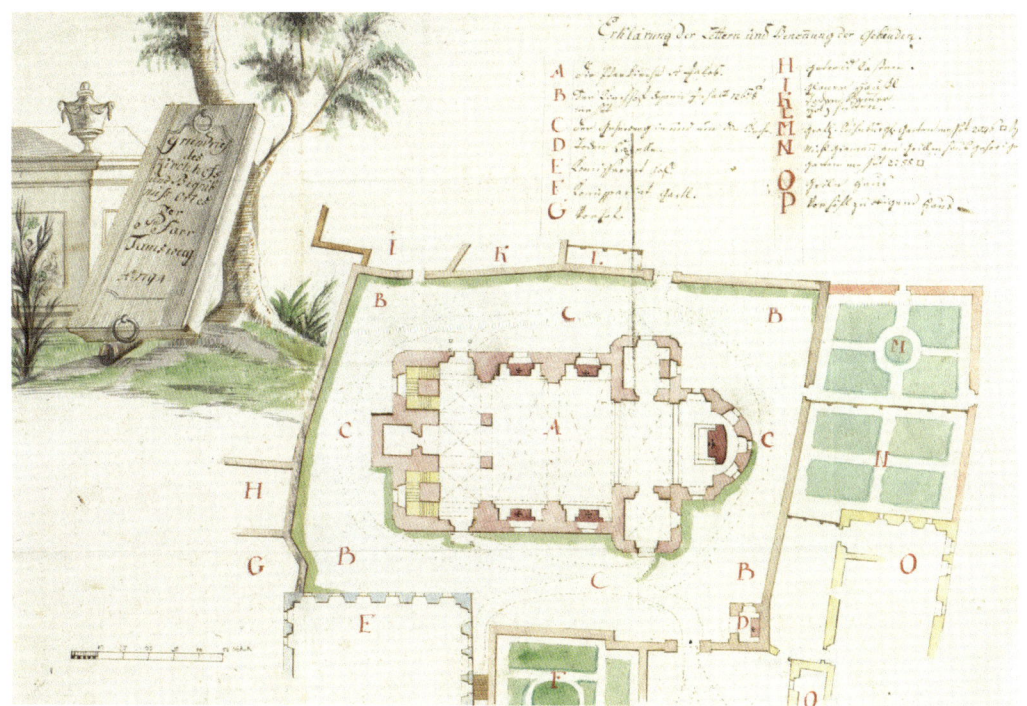

Plan der Tamsweger Pfarrkirche mit Gärten

Man war darauf angewiesen, Saatgut einzulagern. Die schönsten Krautköpfe wurden aufbewahrt und im nächsten Frühjahr wieder in den Garten gesetzt, damit sie zu blühen begannen und im Herbst die reifen Samen für die Aussaat im darauffolgenden Jahr geerntet werden konnten.

Wenn Wissen und Erfahrung nicht weitergegeben werden, sich niemand mehr dafür interessiert, brauchen nachfolgende Generationen viele Jahre und Misserfolge, um brauchbare Kenntnisse des Gartenbaus wieder zu erwerben.

„Die Armut in allen Teilen der Welt beruht nachweislich auf der Zerstörung des Wissens über die Möglichkeiten der Selbstversorgung!", meint dazu Michael Machatschek (Forschungsstelle für Landschafts- und Vegetationskunde).[7]

Es gibt das ganze Jahr über Gemüse im Supermarkt, man müsste nichts mehr selbst anbauen. Der Garten könnte aufgelassen, eingesät, mit einer Thujenhecke begrenzt oder als Abstellplatz für das Zweit- und Drittauto genutzt werden. Dafür ist Gärtnern virtuell modern geworden. In Computerspielen wachsen die Tomaten ohne Rückenschmerzen, ohne Hagelschauer, ohne schwarze Ränder unter den Fingernägeln.

„Wie kann man Gesundheit und Lebenslust mit einem Minimum an Mühe und Geld und einem Maximum an Zufriedenheit erlangen?", schrieb Scott Nearing[8], der bis zu seinem 100. Lebensjahr seinen Garten bewirtschaftete.

Gesundheit kommt in großem Maß aus dem Garten, Lebenslust entsteht beim Säen und Ernten. Gartenarbeit ist „Balsam für die

Grafik des Schlosses Moosham mit Gärten

Seele". Mit Fantasie und gestalterischem Einfühlungsvermögen werden Kleinlandschaften komponiert und mit lebenden Farben gemalt. Die zarten Pflänzchen werden gehegt und gepflegt und für kurze Zeit im Jahr ein paradiesischer Zustand geschaffen, der schließlich hinüberstirbt und wie Persephone in die Unterwelt entweicht.

Auch ein Blumengarten oder Ziergarten kann Nahrung bedeuten – Nahrung für die Seele und Nahrung für viele Vögel und Insekten.

Der Garten ist erweiterter Wohnraum: ein gemütlicher Sitzplatz im Liegestuhl oder in der Hängematte unter dem Apfelbaum, eine Ruhebank in der Gartenlaube oder der Stehplatz am Gartenzaun zum Pflegen der nachbarschaftlichen Beziehungen.

Von den Gartenbetreibern beschrieb keiner die viele Arbeit, die manchmal zur Plackerei wird. Jeder gab bereitwillig Auskunft über seine Pflanzungen, Gestaltungen, Ernten. Es entwickelten sich interessante Gespräche über die Gartenerfahrungen. Diese bewegten sich zwischen angeregtem Geplauder, kreativem Austausch, manchmal gleichzeitigen Wortmeldungen und intensiven Verhandlungen. Gärtnern gehen die Gespräche niemals aus. Diese Spezies sind keine langweiligen Leute, sie sind Allrounder.

Sie kennen sich aus mit Witterungsverhältnissen, Bodenbeschaffenheiten, kosmischen Einflüssen, Saatguteigenschaften, Nützlingsförderung und Schädlingsbekämpfung, außerdem Verarbeitung und Lagerung der Ernte.

Aus den Erträgen entstehen kreative Gerichte. In jeder Familie gibt es besondere Vorlieben für Gutes aus dem Garten. Der Speiseplan orientiert sich am Angebot und ist saisonal abgestimmt.

Meine Besuche bei den Gärtnern waren spontan. Unangemeldet klopfte ich an Türen, wo ich schon vorher hinter den Gartenzaun gespäht und das „gewisse Etwas" vermutet oder entdeckt hatte. Manche kenne ich schon lange, mit anderen kam ich bei den Kräuterstammtischen der Lungauer Kräuterinitiative in Kontakt oder sie sind zudem Biobauern, Mitglieder der Arche Lungau oder der regionalen Obst- und Gartenbauvereine. Einige wurden mir empfohlen, die Auswahl musste leider begrenzt werden.

So wie die meisten beschriebenen Gärtner wirtschaften, wird in der ganzen Region gegärtnert und angebaut. Die Zitate aus älteren Schriftwerken sollen die Situation der Vergangenheit skizzieren, als man in unseren Breiten außer spanischen Weichseln, Kraut und Saubohnen noch kein Obst und Gemüse kannte.

Das Besondere der Lungauer Gärten liegt darin, dass die meisten über 1 000 m Seehöhe liegen und dass trotz dieser Höhenlage oder gerade deshalb sehr viel wächst und gedeiht. Vielleicht wurden darum die Lungauer Gärtner so experimentierfreudig und haben den Artischocken, Feigen und Melanzani die Lungauer Temperaturen einzureden versucht. Gäbe es nicht neugierige Menschen, die eine neue Gemüsesorte wie den Brokkoli, Pastinaken oder Romanesco-Kohl ausprobierten, die Vielfalt würde stagnieren. Selbst die Gräfin Szapary, Burgherrin von Finstergrün, die sich im Ersten Weltkrieg für die Versorgung der Landbevölkerung einsetzte, hat noch für den Anbau des Kohlrabis gekämpft.

Viele traditionelle Gemüsesorten haben die Neuzüchtungen dennoch überlebt, deshalb wachsen noch „Saubohnen", Steinkraut und Duschen in den Lungauer Gärten.

Der Garten lebt von der Erfahrung, die mit vielen Rückschlägen und mit viel Lehrgeld erarbeitet wird oder die von einer Generation zur nächsten weiterlebt. Wenn nicht der Generationenkonflikt zur Untätigkeit oder dem Auflassen des Gartens führt, waltet die fruchtbare Konkurrenz und animiert zur Expansion.

Alle Erfahrungen müssen nicht selber gemacht werden, manches kann auch abgeschaut, erfragt, hinterfragt und nachgelesen werden.

Die Kräuterinitiative Lungau und die Obst- und Gartenbauvereine organisieren Kräuterstammtische, Exkursionen, Obstbaumschnittkurse, Pflanzentausch, Wanderungen sowie Tage der offenen Gartentür. Dann ist Zeit für Gartengespräche.

„Unser generelles Ziel bestand darin, eine selbstversorgende Wirtschaft für uns zu errichten, die von der etablierten Marktwirtschaft unabhängig war und zum größten Teil von uns selbst kontrolliert wurde, wodurch wir uns von der Abhängigkeit vom Etablissement befreiten."　　　　　　　　(Scott Nearing)[9]

Regina und Maria Mehrl
Zederhaus, 1 340 m Seehöhe

Pflanzen für Insekten

Trachtpflanzen für Bienen

Der Hof der Familie Mehrl, Zederhaus

Der Weg zum letzten Bauernhof in Zederhaus führt ein paar Mal unter der Tauernautobahn hindurch, an Engstellen am Zederhausbach vorbei bis zur Abzweigung zum Hof, der auf gleicher Höhe mit dem Südportal des Tauernautobahntunnels liegt.

Regina bewirtschaftet den Hof seit fast 50 Jahren, sie wurde in ihrer Gegend bekannt als Eierlieferantin. Weniger bekannt sind ihre Bienenhaltung, ihr Heilkräuterwissen und die Freude am Garten, die sie mit ihrer Tochter Maria teilt.

„Mit der Pflanzenanzucht ist es bei uns nicht so leicht, denn es hat im Juni ja oft noch einen Frost da heroben!", erzählt sie. Deshalb kauft sie, auch wegen Zeitmangels, die Jungpflanzen zu oder wird von ihren Verwandten damit versorgt.

Sie hat schon vieles probiert. Kürbisse wurden beim ersten Versuch recht gut, doch die Tomaten erreichten leider nur Daumennagelgröße. Vor der Bienenhütte wurde mit Mist, Sand und Kompost der Boden aufbereitet. Kohlrabi, Rüben, Möhren und Zwiebel wachsen dort ausgezeichnet.

In Hausnähe wurden viele Trachtpflanzen für Bienen und Insekten gesät und angepflanzt. Regina bedauert, „dass die Menschen für den Nahrungsbedarf der Insekten kein Verständnis mehr haben und zu viel Gift

Bienen leben vom Reichtum in den Gärten

streuen. Letztendlich schadet das Gift ja allen, zuerst den Tieren, dann uns selbst!"

Nur wenn die Hirsche auf ihren Hof kommen und sich die Erdbeeren im Blütestadium vom Gartenbeet holen, den Rhododendron abfressen und die Blumen auf der Fensterbank verschlingen, ist das auch für sie nicht so lustig.

Vor dem Autobahnbau in den Siebzigerjahren gab es im hinteren Talschluss des Zederhaustales noch 13 Bauern. Jetzt sind sie fast alle weg. Demnächst werden auch die Mehrls umgesiedelt. Ihr Hof wurde von der Autobahngesellschaft abgelöst, sonst müsste eine Lärmschutzwand vor ihrem Grundstück errichtet werden. Dann werden sie in Dorfnähe wohnen. Ein Garten wurde auch schon beim neuen Haus angelegt. Das wird ein neuer Anfang werden, doch schweren Herzens verlassen sie ihren Hof.

„Es gibt keine Pflanze und kein Tier, das auf sich allein gestellt auf Dauer leben könnte und deshalb gibt es auch kein Lebewesen, das ausschließlich „nützlich" oder „schädlich" ist!"

Heinz Erven, „Mein Paradies", 1981

Selleriepulver

Petersilie und Sellerie trocknen, grob schneiden und mit der Küchenmaschine mixen, bis das Ganze pulvrig wird. Man kann das Pulver dann über die fertige Suppe streuen oder kurz vor dem Essen auf die Kartoffeln.

Annemarie und Andreas Gfrerer
Zederhaus, 1 315 m Seehöhe

Lebensqualität

Als ich Anfang Jänner den längst versprochenen Besuch bei Annemarie Gfrerer in Zederhaus endlich nachholen kann, ist eigentlich nicht die richtige Jahreszeit für ein Gartengespräch. Zum Fotografieren werde ich im Sommer wiederkommen.

Jedoch entführt uns die gemeinsame Begeisterung für den Garten bald in andere Sphären. Wir erahnen das Wachsen und Blühen des kommenden Frühlings.

Beim Betreten des Hauses fällt mir der angenehme Duft von Kräutern auf, die beim Räuchern in den Raunächten im Rothenwänderhof eine zentrale Rolle spielen. Die verwendeten Kräuter sind aus dem eigenen Garten. Dazu kommen noch die fein säuberlich zugeschnittenen Kräuter und Blumen von den Prangstangengirlanden.

Der Hof liegt auf über 1 300 m Seehöhe. Natürlich auch neben der Tauernautobahn, aber seit die Lärmschutzwand errichtet wurde, stieg die Lebensqualität wieder, zumindest ein Faktor wurde verbessert. „Autofahren tun wir alle und wir benützen ja auch die Autobahn", gibt Annemarie zu bedenken …

„Ich brauche den Garten zum Abschalten", erklärt sie. „Für mich ist er Entspannung, Energie. Ich habe selber Salat, Kräuter, Gemüse, Zwiebel, Rona (Rote Rüben), Knoblauch, Rettich, Karotten, Karfiol, Kohlrabi …!" Nur das Kraut macht ihr Schwierigkeiten und will nicht so richtig gedeihen.

Annemaries Kinder zeigen auch Interesse am Garten. Wenn die Tochter im Sommer von der Arbeit heimkommt, holt sie sich immer ihr Abendessen aus dem Garten „Dann wird alles zusammengemischt, was sie findet", sagt Annemarie. Auch die Nachbarskinder kommen und fragen, ob sie von den Himbeeren oder Ribiseln kosten dürfen.

Dienstags wird während der Sommermonate in der Kapelle neben dem Hof eine Messe gefeiert. Da bleiben dann die Mess-

Indianernessel für den Kräutertee

besucher beim Garten stehen und staunen über die schönen Farben. „Das Unkraut sehen sie wahrscheinlich nicht", meint Annemarie.

Sie liebt es auch, der Jahreszeit entsprechend besondere Blickpunkte zu setzen. So sind es im Frühjahr die Narzissen, die den Garten säumen. Dann kommen die Ringelblumen, die Goldmelisse, der Dost (Bergoregano) und viele andere Blumen und Kräuter, die noch dazu einen wunderbaren Duft verströmen.

Den Gemüsegarten bewirtschaftet sie schon seit 20 Jahren und vor vier Jahren wurde der

Gartennotizen:

12. Mai: Anfang Mai haben wir Kartoffeln im Krautland gesetzt, dann gemulcht und den Folientunnel aufgestellt. Im zweiten Folientunnel hat die Oma Kraut gesetzt. Dazwischen ist eine Reihe mit Salat.

24. Juni: Der Salat zwischen den Folientunneln ist ausgewachsen und das Unkraut überwuchert die Kartoffeln. Bin wohl nicht mehr zum Jäten gekommen. Vom Pastinak finde ich auch nichts mehr.

10. Oktober: Habe heute im Gewächshaus Feldsalat gesät. Die Tomaten werden zeitweise reif, hoffentlich kann ich sie noch vor dem Frost ernten!

Gurken sind schon abgeerntet, werde nächstes Jahr nicht mehr so viele setzen, dafür Bohnen. Der Lollo-Rosso-Salat ist im Gewächshaus geschmacklos!

Sellerie hat schon schöne Knollen, Spinat ist auch noch nachgewachsen!

„Die liebe Jugend, welche sich vorerst über die Erzeugnisse der Natur im Gebiete der Früchte herzlich freut, ist besonders für die Beeren sehr eingenommen, denn diese sind ja die ersten Früchte und lassen sich, so sie reif sind, so angenehm und gefahrlos essen."

Heinz Erven, „Mein Paradies", 1981

Frischer Gemüsesaft

Rote Rüben, Äpfel und Karotten waschen und putzen, mit dem Entsafter daraus einen Saft pressen.
Für die Gesundheit sollte man davon jeden Morgen 1–2 Gläser trinken.

Wunsch nach einem Kräutergarten erfüllt. Viele Kräuter sammelt Annemarie jedoch auf der Alm. Das Wissen hat sie von ihrer Mutter, die eine alte „Buschengarberin" ist und so ziemlich jedes Kräutlein kennt und weiß, wofür es verwendet wird. Die Zederhauser haben eigene Namen und Bezeichnungen für die Kräuter. Ein Kraut heißt zum Beispiel „Waldmeister", der zwar mit dem botanischen *Galium odoratum* nicht das Geringste zu tun hat, aber schon seit eh und je für Kräutermischungen verwendet wird.

Bekannt ist Annemarie für ihre Salben. Die werden nach alten Rezepten hergestellt, denn in Zederhaus, das früher schwer erreichbar war, hat die Selbstversorgung Geschichte. „Man kann so viel selber auf dem Bauernhof erzeugen, viele ahnen gar nicht, was man da für Möglichkeiten hat!", bestätigt Annemarie ihre Freude am Beruf.

Hanni und Hans Gfrerer
Zederhaus, 1 200 m Seehöhe

Erweiterter Wohnraum

Beim Besuch von Hans und Hanni Gfrerer in Zederhaus werde ich, obwohl ich unangemeldet auftauche, gleich zum Kaffee eingeladen. Dabei verdränge ich die Arbeiter, die auf der Hausbank sitzend bemerken, sie müssten eh wieder mit den Ausbesserungsarbeiten weitermachen. Die Schwiegertochter reicht Kaffee und Kuchen durch das Küchenfenster, Hanni hat den Enkelsohn auf dem Arm und Hans erzählt von ihren Anfängen.

Im Jahr 1978 gab es einen Landes-Garten-Wettbewerb und da haben sie mit dem Gärtnern begonnen. Sie wurden auch gleich Landessieger in der Kategorie Blumengärten. Die Experimentierfreude hat sie dann getrieben, verschiedene Pflanzen auszuprobieren, die man in dieser Region sonst nicht pflanzen würde. Und so wächst in ihrem Garten eine Bambusstaude, die Rosensorte Queen Elisabeth rankt an der Mauer empor, japanische Anemonen zieren die Staudenbeete, die Dreimasterblume gesellt sich zum Riesenknöterich und die Telekie *(Telekia spikiosa)* schmückt die Böschung neben dem Zederhausbach. Gedüngt wird mit Kompost vom Rasenschnitt, der mit EMA (Effektiven Mikroorganismen) besprüht wurde.

Viele Pflanzen haben sie mit anderen getauscht oder geschenkt bekommen. Die Kolorado-Tanne, die sie als Sämling aufgezogen haben, wurde schon zigfach vermehrt und wächst inzwischen in vielen Lungauer Gärten. Manches, das vielleicht andere als Unkraut betrachten, wie etwa die gewöhnliche Gartenmelde und die Kohldistel, findet bei den Gfrerers in der Küche eine gute und

Wilde Malve in Zederhaus

bekömmliche Verwendung. Im Winter wird viel Tee getrunken, dafür werden die Kräuter größtenteils auf der Alm gesammelt. Die Lindenblüte darf dabei in keiner Mischung fehlen.

Kräutersuppe

Für die Kräutersuppe können folgende Kräuter verwendet werden:
Kohldistel, Löwenzahnblätter, Giersch, Schafgarbe, Sauerampfer, Melde, Gänseblümchen, Lindenblätter, Blätter von der Schwarzen Ribisel, Bärlauch, Brennnessel, Allermannsharnischblätter, Maggikraut (Liebstöckel), Himmelschlüsselblüten.

Eine grob geschnittene Zwiebel in Olivenöl anschwitzen, Kräuter grob schneiden, mit 1,5 l Wasser aufkochen, würzen, pürieren und mit Sauerrahm verfeinern.

Wenn auch die Tauernautobahn und die KV-Leitung direkt oberhalb ihres Hauses vorbeiführen, haben die Gfrerers das Beste aus ihrem Grundstück machen können:

„Der Garten ist für uns ein erweiterter Wohnraum. Wir verbringen viel Zeit darin. Er ist Erholung, Beschäftigung, Hobby und Urlaub!", meint Hans. „Und die Familienfeiern können auch im Garten stattfinden!"

„Es geht ein vielfältiges Geben und Nehmen hin und her zwischen Menschen und Gärten, ein andauernder fließender Kräfteaustausch. Oft ist es auch ein Kräftemessen, das den Menschen aber offensichtlich letztlich doch wohl tut, sonst würden sie sich nicht ein Leben lang so intensiv mit ihrem Garten verbinden und beschäftigen, man könnte fast sagen: Verheiraten."

Ruth Ammann, „Der Zauber des Gartens und was er unserer Seele schenkt", 1999

Marianne Lanschützer
Muhr, 1 107 m Seehöhe

Alle Erzeugnisse vom eigenen Hof

Marianne Lanschützers Hof ist nicht leicht zu finden. So komme ich erst kurz vor dem Mittagessen in ihre Küche. Trotzdem nimmt sie sich Zeit für mich und serviert inzwischen ihren Männern das Mittagessen.

Früher, so erzählt sie nebenbei, hatte sie ihren Garten unterhalb der Straße, da war er ein Stückchen entfernt und außerhalb ihrer Sichtweite. Das hat ihr nie so recht gefallen. Man sollte ja den Garten erleben und mit ihm mitleben können.

Sie wollte anfangs eine Kräuterspirale machen, aber die dafür vorgesehenen Steine wurden als Stützmauer für den neuen Garten vor der Haustüre verwendet. Sie hat dann sogar die Erde vom unteren Garten heraufgetragen und mit Holz und Steinen eine neue Anlage errichtet.

Der Garten hat für Marianne auch einen Wert als Möglichkeit zur Selbstversorgung. Sie freut sich, wenn sie nicht nur Schnittlauch aus dem eigenen Garten holen kann, sondern auch noch Salat, Lauch, Kraut und Erdbeeren. Durch ihre Landwirtschaft muss sie oft auch Fleisch, Milch und Butter nicht zukaufen, das findet sie besonders schön an ihrer Arbeit. „Oft bemerke ich beim Mittagessen, dass alles, auch die Beilagen und die Nachspeise, von unserem Hof stammt!", erzählt sie stolz.

Fichten-Bonsai

Seit einem Jahr verbringt sie mit ihrem Mann die Sommer auf der Alm. „Ich habe mir immer gedacht, wenn ich einmal in Pension bin, dann gehe ich auf die Alm." Die Pension musste sie nicht abwarten, denn jetzt ist schon die nächste Generation am Hof. Da hat sie gleich die Gelegenheit genützt und genießt es jetzt, die Besucher auf

Alpenkräutergarten

Lauchcremesuppe

Etwas Zwiebel anschwitzen, Lauch blättrig schneiden und kurz mitrösten, mit Wasser aufgießen, salzen und dünsten lassen.
Dann ein Gemisch aus Wasser, Rahm und Mehl in die Suppe einrühren, Salz, Pfeffer und Suppenwürze dazugeben. Zum Schluss etwas geschlagenes Obers darunterheben und Schnittlauch daraufstreuen. Dazu gibt es noch Brotwürfel aus Bauernbrot als Garnierung.

der Alm, etwa eineinhalb Stunden vom Ort entfernt, mit lauter Selbstgemachtem zu bewirten. „Auf der Alm ist das Käsen viel lustiger, außerdem habe ich da jede Menge neue Ideen, weil der Kopf freier ist!"

Vielleicht werde ich sie im Sommer auf der Alm besuchen.

Hanna und Peter Aigner
Muhr, 1 100 m Seehöhe

Ein eigener Forstgarten

„Heuer bekomme ich ein Hochbeet", erzählt Hanna Aigner erfreut. Denn die Gartenarbeit fällt ihr nicht mehr so leicht. „Schließlich ist sie ja schon im Dreiundachtzigsten", erklärt ihr Mann Peter. Und wie viele Jahrzehnte er selber schon erlebt hat, sieht man ihm gar nicht an. Mit 49 Jahren hatte er einen Schlaganfall und brachte sich mit „eisernem Willen" so weit, dass er wieder arbeiten konnte. Die Tätigkeit auf dem großen Aignerhof ist nie ausgegangen und vor rund 50 Jahren waren noch acht Dienstboten auf dem Hof. Mit dem Verkauf der Kälber konnte ihr Lohn bezahlt werden. Damals waren die landwirtschaftlichen Rohstoffe noch etwas wert!

„Heute haben die Leute zwei bis drei Autos. Die müssen alle Tage an die frische Luft zum Einkaufen", bemerkt er schelmisch. „Und wenn alles zubetoniert ist, braucht man nicht mehr Unkraut jäten."

Der nächste Supermarkt ist zehn Kilometer entfernt, da bauen die Aigners lieber ihr eigenes Gemüse an. Zumindest können sie sich mit Karotten, Salat, Roten Rüben und Kraut noch selbst versorgen. Früher hatten sie das alte Lungauer Kraut, riesige Krautköpfe und butterweich. Das wurde erst Anfang Juni gesetzt und Ende September war es reif. Dann wurde es in die Krautsole

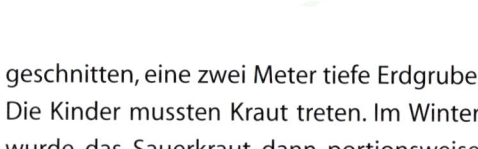

Kräuterduftkissen

Für Kräuterduftkissen können alle Duftkräuter des Gartens verwendet werden: Rosenblüten, Lavendel, Melisse, Hopfen, Minze, Oregano, Zitronenverbene, Kamille, Monarde, Thymian …

Die getrockneten Kräuter werden zerkleinert, in Stoffsäckchen gefüllt und zugenäht. Die Kräuterkissen verströmen ihren angenehmen Duft in Kleiderschränken, Schlafräumen oder im Badezimmer.

geschnitten, eine zwei Meter tiefe Erdgrube. Die Kinder mussten Kraut treten. Im Winter wurde das Sauerkraut dann portionsweise entnommen.

Die Pflanzen wurden selber gezogen und das Mistbeet richtete man schon im Herbst her. Im Frühling nach den Eisheiligen kam Rossmist hinein, Erde darauf und dann wurde das immer wieder selbst vermehrte Saatgut gesät.

Auf dem Aignerhof gab es auch einen eigenen Forstgarten. Da wurden Fichten- und Lärchenzapfen gesammelt, getrocknet und nach Weihnachten zum Ofen gelegt. Dadurch fielen dann die Samen heraus und konnten gesät werden. Dafür gab es eigene Holzgefäße mit Rillen. Wenn dann die Saat aufging, wurde sie vereinzelt und es dauerte drei bis vier Jahre, bis ein Setzling ausgesetzt werden konnte.

Nach der Hofübergabe gingen Peter und Hanna 15 Jahre lang im Sommer auf die Alm. Das war eine schöne Zeit. Hanna erinnert sich an den Duft des Wohlmuthes, des Bergoregano, der zehnmal besser duftet als der aus dem Garten. Viele Kräuter hat sie auch heute noch in ihrem kleinen Reich, die sie dann in wohlriechenden Kräuterduftkissen vermischt und ihren Kindern und Enkelkindern weiterschenken kann.

Anna Gruber
Oberweißburg, 1 070 m Seehöhe

Im Frühjahr

„Wenn die Sonnenstrahlen wieder Kraft annehmen, das Vogelgezwitscher wieder laut wird, das Eis schmilzt, sogar auf der Schattenseite, regt sich auch in mir wieder neue Energie. Ich kann es kaum erwarten nachzusehen, ob ich nicht schon Knospen oder neue Triebe an meinen geliebten Rosenstauden finde. Dann gehe ich langsam durch den Garten, fahre mit der Hand durch den Majoran. Wenn meine Hand schon riecht, so weiß ich, dass er wiederkommt. Ich betrachte den Wermut, den Liebstöckel und den Schnittlauch, ob ich nicht schon ein kleines Anzeichen vom neuen Leben sehe.

Auf dem Fensterbankerl werden bereits der erste Salat und ein paar Blumen ausgesät. Die Hühner sind im Garten schon recht eifrig, das Ungeziefer herauszuscharren, und so habe ich keine Schnecken.

Für mich ist seit ein paar Jahren der Schrannenbesuch im April eine große Freude, denn da nehme ich Frühkraut- und Kohlrabipflanzen mit nach Hause. Jeder, der bei meinem Garten vorbeigeht, bewundert, dass ich schon so früh im Sommer Gemüse habe, auch ohne Glashaus.

Nur mit dem Jäten nehme ich es nicht so genau, ich jäte nur einmal alles durch. Eine Nachbarin meinte einmal: ‚Heute muss ich dir gestehen, dass ich meinen Garten immer gründlich durchjäte, aber du hast trotzdem viel schöneres Gemüse!' Ihre Tochter sagte darauf: ‚Ja, weil du auch so viel herumhackst. Das Gemüse braucht auch seine Ruhe beim Wachsen!'"

„Es gibt ja bekanntlich nichts, was den leidenschaftlichen Gärtner brennender interessiert als sein eigener Garten – mit Ausnahme des Gartens seines Nachbarn!"

Christiane Widmayr-Falconi,
„Bezaubernde Landhaus-Gärten", 2001

Lisi Huber
Oberweißburg, 1 070 m Seehöhe

Der Garten als Lebenselixier

Lavendel an der Hausmauer

„Der Garten ist mein Lebenselixier!", betont Lisi Huber gleich bei der Begrüßung. Die Hubers kamen 1989 nach Oberweißburg, wo sie ins Forsthaus einzogen. Es gab da eine kleine Gartenfläche, die Lisi Huber nach und nach für sich eroberte. Angefangen hat es mit den Ribiselstauden, dann wurde der Komposthaufen angelegt, dann die Gemüsebeete und irgendwann begann sie zu experimentieren. Sie errichtete Hügelbeete und suchte nach neuen Gestaltungsmöglichkeiten. „Von A bis Z wächst alles!", gibt sie zu. „A – auch Artischocken?", frage ich. „Wenn ich ein Glashaus hätte, würde ich es probieren!", lacht sie.

Aber was sonst noch so alles im Lungau gedeiht, wird gesät und angepflanzt. Viele Samen und Jungpflanzen werden mit den Nachbarinnen getauscht.

Das Lebenselixier holt sie sich aus dem Garten – Spinat, Radieschen, Karotten, Salat, Kraut, Mangold, Erbsen, Stangenbohnen, Puffbohnen, Buschbohnen, Kohlsprossen, Zwiebel, Porree, Kohlrabi. Brokkoli ist überhaupt ihr Lieblingsgemüse und dann gibt es noch viel Blaukraut. Das braucht sie für die Wildgerichte.

Der Nutzgarten macht nur einen Teil ihrer Gartenfreuden aus. In schöner Anordnung schlängeln sich Wege vorbei an Blumenrabatten, in denen Kräuter und Staudenblumen farblich miteinander harmonieren. Dabei betreibt Lisi keinen großen Aufwand für die genaue Abstimmung. „Die sollen von selber wachsen." Beim Jäten findet sie manchmal die Schachbrettblume ganz woanders und lässt sie einfach dort gedeihen.

Ich beneide Lisi um die Schneerosen, die in meinem Garten nur mithilfe von Kalk durchkommen. Vielleicht braucht auch der

Tonwächter vor dem Forsthaus

Lavendel ein wenig Kalk, denn schon seit 20 Jahren schmückt er Lisis Beete. Und der Waldmeister wächst zu meiner Verwunderung auch!

Verschiedene Distelarten ragen neben dem Phlox empor, Astern und Sonnenhut erfreuen sich neben der Engelwurz und im Frühjahr blühen Leberblümchen unter den Fichten vor der Haustür.

Das ganze Jahr hindurch gibt der Garten etwas her – auch im Winter erfreut er das Auge mit den Grau- und Brauntönen.

Die Zeit im Forsthaus geht zwar bald zu Ende, weil die Hubers ein neues Haus gebaut haben. Aber Lisi träumt schon davon, wie dann ihr neuer Garten von Jahr zu Jahr wachsen kann.

„Die Natur, welche im Lungau spät aus ihrem Winterschlaf erwacht, zeigt sich schnell in ihrer vollen Kraft. Das ganze Pflanzenreich geräth in Gährung; alles wächst und schießt uppig empor; und binnen wenigen Tagen wird die grüne Saat zur Ernte!"

Franz Michael Vierthaler, „Meine Wanderungen durch Salzburg, Berchtesgaden und Österreich", 1816

Frühlingskräutersalat

Alles, was zu finden ist: Löwenzahn, Feldsalat, Gundelrebe, Spinat, Melde, Giersch – mit Essig, Salz und Öl zu einem Salat anrichten und mit Gänseblümchen verzieren.

Robert Franz Pfeifenberger
St. Michael – Oberweißburg, 1 065 m Seehöhe

Ein Fachmanngarten

Basilikum im Glashaus

Der Garten von Robert misst zehn mal vier Meter und die Kräuterspirale hat zweieinhalb Meter Durchmesser.

Robert ist leidenschaftlicher Gärtner und Obstbaumpfleger. Mit akribischer Genauigkeit bearbeitet er im Frühjahr 14 Tage lang die Spalierbäume und sieht sofort jeden Ast, der in die richtige Position gebracht werden soll. „Die Leitäste müssen angebunden werden und die Seitenäste werden nach unten gebogen. Alle Seitenäste, die aufwärts wachsen, sind fruchtlos!", erklärt er fachmännisch.

Im Glashaus macht er sich die Mühe, die Tomaten von Hand zu bestäuben, damit sie reichlich tragen. Von einem Freund seines Sohnes hat er Jungpflanzen bekommen. Cocktail-Tomaten liebt er besonders, weil die ein herrliches Aroma besitzen. Doch leider sind die neueren Tomatensorten nicht mehr so geschmackvoll und die alten Sorten werden so schnell von der Tomatenfäule befallen. Die Tomate mag eher trockenen Boden, wobei Robert dafür bei den Gurken die Erfahrung machte, dass diese die Feuchtigkeit im Boden mögen. Darum setzt er die beiden nicht nebeneinander.

Im Glashaus hat er ebenso Paprika und Melanzani kultiviert. Die sind heuer sehr schön geworden.

Vom Ploberger hat er sich die Methode mit dem Mulchen abgeschaut. Zwar hatte er das schon früher einmal gemacht, aber dann wieder vergessen. Das Gras wird gleich nach dem Mähen auf die Beete ausgebracht. „Man kann richtig zuschauen, wie die Regenwürmer damit abfahren!", erzählt Robert begeistert.

Im Garten wachsen Kartoffeln, Zwiebeln, Salat, Kraut und Kohlrabi, Karotten, verschiedene Selleriesorten und natürlich Kräuter wie Knoblauch, Schnittlauch, Oregano, Zitronenmelisse, verschiedene Thymiansorten und Lavendel. Die Rosen hat er vor den Wintergarten gesetzt, damit er sie immer im Auge hat.

Robert muss zur Arbeit nach Salzburg auspendeln und ist nur am Wochenende zu Hause. Vor zwei Jahren hat er deshalb das Karenzjahr genutzt und ist bei seinem neugeborenen Sohn daheim geblieben. Da hatte er auch mehr Zeit für den Garten.

„Hie und da erlebt der Obstzüchter namentlich bei Hausspalieren die Freude, einige Apfelsorten gut gedeihen zu sehen, aber die Erfolge sind von keiner allgemeinen Bedeutung!"

Ferdinand Kraus, „Der Lungau", 1894

Marlies und Franz Zaunbauer
St. Michael, 1 015 m Seehöhe

Gartenleben – Veränderung, Anpassung, Umbau

„Nach dem Hausbau vor 30 Jahren war unser Garten eine ‚nackerte Wiese' – planierte Baustelle, kein Busch, kein Baum, nur verletzte Grasfläche. Franz wollte vor allem heimische Waldbäume und -sträucher setzen, mir gefielen die Obstbäume und blühenden Sträucher besser.

So entwickelte sich der Garten im Lauf der Jahre zu einem artenreichen Wald. Neben Obstbäumen und den verschiedensten Sträuchern wuchsen von den 21 Bäumen des keltischen Baumkreises in unserem Garten bis auf Eiche und Nussbaum alle. Der heutige Rosengarten war ursprünglich als Gemüsegarten angelegt, doch die Schnecken, Mäuse und das Rehwild aus dem nahen Wald ließen kaum einen Ertrag zu. So lag der Garten lange brach.

Vor etwa zwölf Jahren habe ich Elisabeth Hofer, eine begnadete Gärtnerin, kennengelernt und für den künftigen Rosengarten mit ihr gemeinsam in Deutschland Rosen bestellt. Ende Oktober wurden die wurzelnackten Rosen geliefert, bei uns war die oberste Erdschicht schon gefroren. Keine Zeit mehr zum Einsetzen. Ich habe sie nur mit Erde eingeschlagen. Sie haben alle überlebt und wuchsen zu wunderbar duftenden

Sträuchern heran. Das war der Anfang – heute wachsen in meinem Garten etwa 130 Rosenstöcke. Die Wühlmaus vertreibe ich mit Knoblauch, den ich in die Gänge stopfe, und für den Duft lege ich den Rosen eine Zwiebel verkehrt herum an die Wurzel. Gegen den Wildverbiss hänge ich mit ungewaschener Schafwolle gefüllte Netzsäckchen auf und die Läuse werden mit Seifenwasser bekämpft.

Von Jahr zu Jahr kommen neue Ideen dazu und neue Beete werden angelegt, neue Pflanzen ausprobiert. Leider sind viele davon nicht nur schön, sondern auch giftig.

Gartennotizen:

28. April: Im Gewächshaus habe ich Karotten zusammen mit Radieschen gesät. Jedoch werden beim Jäten und Ernten der Radieschen die Karotten ziemlich reduziert. Diese Methode funktioniert nicht!
Das Kohlgemüse entwickelt sich sehr gut im Gewächshaus und wird schon Mitte Mai erntefertig sein.

2. Juli: Wochenplan
Montag: Glashaus jäten
Dienstag: Erdbeeren und Kräuter jäten
Mittwoch: 1. Tunnel jäten
Donnerstag: 2. Tunnel jäten
Freitag: Hinter dem Tunnel jäten
Samstag: Überall nachjäten
Sonntag: Planen, was in der nächsten Woche zu tun ist

Mit den Blumenbeeten male ich. Ich stelle die passenden Farb- und Blattkombinationen zusammen: Fingerhut, Akelei, Rittersporn, Löwenmäulchen, Zinnien, Glockenblumen, Iris, Funkien, Gräser, Pfingstrosen, Mohn – die Liste ist lang. Dazwischen bringen überall die verschiedenen Rosen Abwechslung und der Betrachter schreitet beim Spaziergang durch den Garten wie durch lebende Bilder.

Franz baut im Winter gern Nistkästen, dadurch ist eine Vielzahl von Vögeln im Garten anwesend. Die Vogelhäuschen werden so aufgestellt, dass die Vögel von den Wohnräumen aus beobachtet werden können. Sogar der Buntspecht traut sich zum Futterplatz.

Vor drei Jahren haben wir den „Wald" im westlichen Teil des Gartens gerodet und auf dieser Fläche drei Terrassen für einen neuen Gemüsegarten angelegt. Hier werden verschiedene Kartoffelsorten, alle gängigen Gemüsearten und etliche Kräuter gepflanzt, die wir wunderbar in der Küche einsetzen können.

Ich koche gern und probiere auch mit Vorliebe neue Rezepte aus. Einige Jahre lang wurden sogar Artischocken gepflanzt, doch die überlebten den Winter nicht und eine gute Ernte gibt es erst im zweiten Jahr. Heuer habe ich Grünspargel gesetzt, der gedeiht auch in unserer Gegend gut. Nächstes Jahr wird es die erste Ernte geben! Die neueste Errungenschaft ist ein kleiner Naturteich.

Der Garten dient zu jeder Jahreszeit der Entspannung, auch wenn er viel Arbeit und Zeit benötigt, aber man bekommt die tausendfache Belohnung!"

Gefüllte Zucchini

Zucchini halbieren oder in 2 cm dicke Scheiben schneiden. In der Mitte mit einem Löffel leicht aushöhlen. Aus Ziegenkäse, Knoblauch, Basilikum, Petersilie, etwas Salz und Pfeffer sowie Olivenöl eine Paste anrühren, in die Zucchini füllen, im Backrohr bei 160 Grad circa 10 Minuten backen, bis sie an der Oberseite leicht gebräunt sind. Schmeckt warm und kalt als Vorspeise oder zur Jause.

Elisabeth Hofer
St. Michael, 1 075 m Seehöhe

Die grüne Hölle

Der Garten der Familie Hofer liegt direkt hinter der Gartenanlage der Feriensiedlung Hapimag und die Besucher des Alpenkräutergartens möchten am liebsten so unverschämt sein und im Hofer'schen Garten weiter lustwandeln.

Anfangs hatte Elisabeth nur Sonnenblumen, Tulpen, Sträucher und Bäume gesetzt. Den Gemüsegarten gibt es seit dem Hausbau im 1995er-Jahr und die vier Buben brauchten ja noch eine Fußballwiese. Aber im oberen Gartenbereich waren immer schon Blumenbeete. Nach und nach kamen mehr Pflanzen und Stauden dazu und Elisabeth entwickelte eine richtige Sammelleidenschaft. So wuchern nun englische Duftrosen neben Rittersporn, Pfingstrosen und Iris neben anderen mehrjährigen Stauden. Natürlich gibt es auch die ganze Gemüsepalette mit Kraut, Karotten, Sellerie und verschiedenen Kräutern. Schon im Frühling erntet sie Spinat und Vogerlsalat im selbst gebauten „Erdglashaus". Vor dem Haus möchte sie etwas verändern, die Kräuterschnecke mit dem Quellstein soll breiter werden, weil Thymian, Salbei, Bohnenkraut, Oregano und der Rosmarin schon zu sehr im Schatten hinter einer Hecke verschwinden. Wenn Herbert Hofer im Winter aus dem Fenster bei der Terrasse schaut, meint

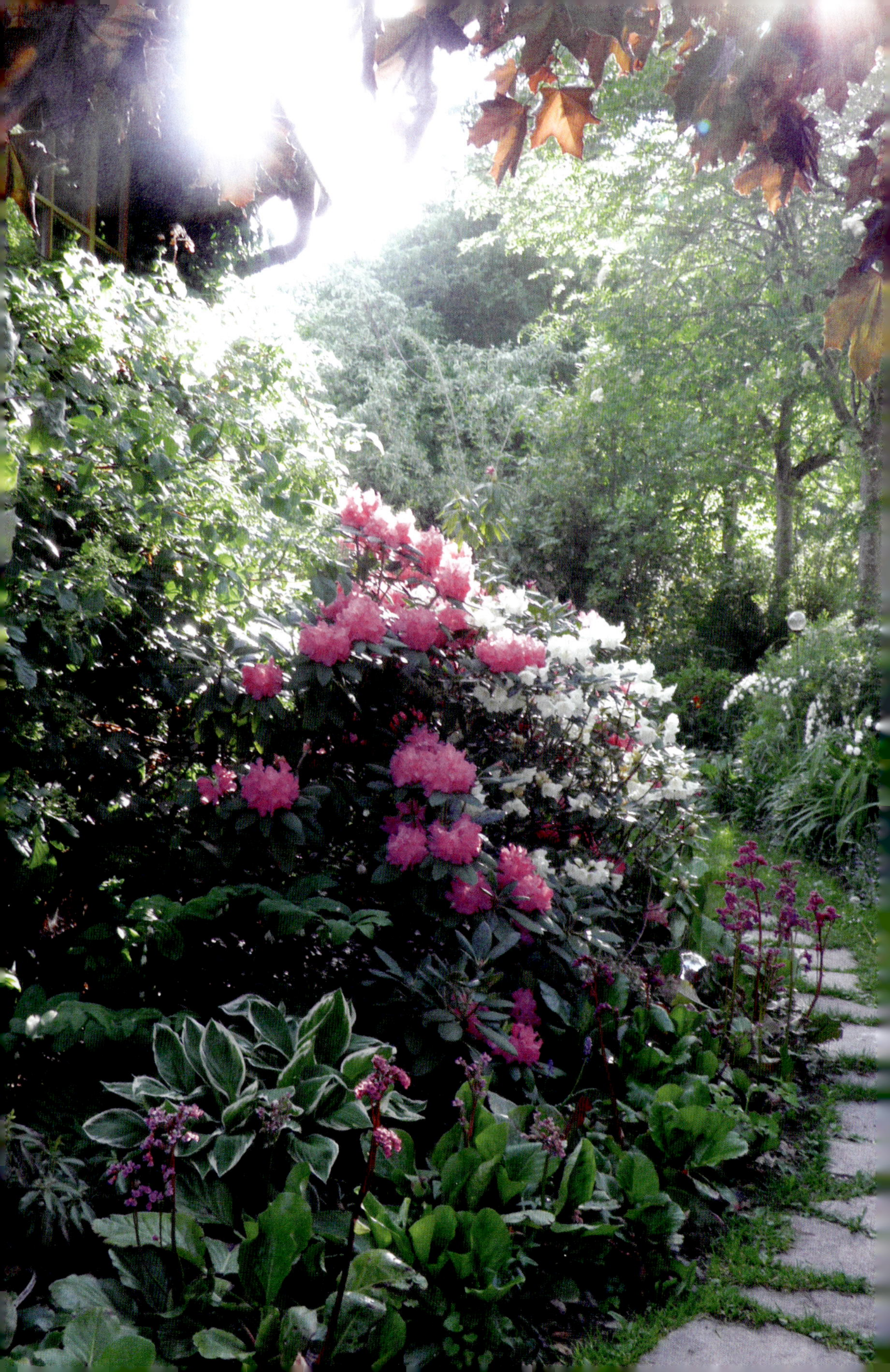

er: „Ich kann mir noch gar nicht vorstellen, dass innerhalb kurzer Zeit da draußen wieder eine grüne Hölle sein wird!" Manche Sträucher mussten wieder ausgegraben werden, weil sie dermaßen gewuchert haben. Dabei verwendet Elisabeth überhaupt keine zugekaufte Blumenerde. Als Dünger kommt nur der eigene Kompost infrage. Und der Rhododendron, der mit seiner Pracht den Besucher in Staunen versetzt, erhält statt Torf die Moorpackungen aus der Physiotherapiepraxis verordnet. Nadelbäume, findet Elisabeth, gehören eigentlich in den Wald, nur die Eibenhecke am Nachbarzaun lässt sie noch gelten.

Für die Kinder wächst die Vitaminquelle direkt am Haus: Walderdbeeren, Thaibeeren, japanische Weinbeeren, dornenlose Brombeeren, Himbeeren, Kornelkirschen und mit viel Überwindung wurden schließlich doch noch Ribiseln gepflanzt. Beim „Leahachtsmessner", wo Elisabeth aufgewachsen ist, gab es nämlich so viele Ribiselstauden und den ganzen Sommer lang wurden damals Ribiseln mit Blick auf das Schwimmbad gepflückt, wo sich die anderen Kinder austobten. Schaden hat sie keinen davongetragen, denn: „Der Garten ist heute meine Leidenschaft!", gibt sie scherzend zu. „Der Garten hört nie auf, immer ist er in Wandlung und die Pflanzen nehmen es mir zum Glück nicht übel, wenn ich sie so oft umsetze!"

Gartenarbeit ist für Elisabeth keine Arbeit, sondern eine Bereicherung. Ihren Garten hat sie so gestaltet, dass das ganze Jahr hindurch die Sinne angesprochen werden. Im Frühling weht zuerst der Duft von Zaubernuss und Schneeball ums Haus, dann kommen die Veilchen und Glyzinien. Der Duftschneeball wartet mit seinem Gruß bis zum Muttertag.

Im Herbst sind es dann Linde und Feldahorn, aber auch Hagebutten und Felsenbirne, die mit ihrer schönen Färbung den Betrachter erfreuen. Und selbst die Haselnuss und der Holler passen in die Komposition.

Schneckenverwirrer

2 l Wasser, ½ l Obstessig, 10 g Lavendelöl zusammenmischen und über die gefährdeten Pflanzen sprühen.

Kompostbeschleuniger

10 l lauwarmes Wasser und 250 g Germ mit 1 EL Honig vermischen, 1 Woche lang jeden Tag umrühren, dann einmal pro Woche 1 l davon über den Kompost gießen.

Farbabstufungen mit Pflanzen für den Schattengarten

Gartenanlage Hapimag
St. Michael, 1070 m Seehöhe

Balsam für die Seele

Die Anlage des Alpenkräutergartens beim Feriendorf Hapimag in St. Michael wurde 1985 auf Gemeindegrund errichtet und steht Einheimischen sowie Feriengästen offen.

Die Betreuung des Gartens übernahm das Feriendorf Hapimag, wobei sich die ehemalige Leiterin Helga Weger schon von Anfang an für den Erholungswert des Gartens einsetzte. Ihr ist es zu verdanken, dass der Garten wie eine öffentliche Parkanlage mit vielen gärtnerischen Gestaltungselementen einen Wohlfühlcharakter erhielt. „Die Leute sind sehr dankbar, man wird immer wieder im Garten von den Gästen angesprochen oder über Pflanzen befragt", berichtet die Gärtnerin Traudi Pfeifenberger, die leidenschaftlich von „ihrem" Garten erzählen kann.

Verschlungene Wege durch Kräuterbeete mit handgemalter Keramikbeschilderung, ein Feuchtbiotop mit Kalmus, Seerosen und Sumpfschwertlilie, Ruheplätze für den stillen Betrachter, eine Kneippanlage, Blütenstauden und elegante Beete ziehen das Auge des Betrachters auf sich. Gedüngt wird mit Brennnesseljauche und mit Hornspänen, aber nur zu Zeiten, wenn keine Gäste da sind, weil es sonst zu sehr stinkt.

Maria Gruber, die ebenfalls den Garten betreut, macht zwischendurch Führungen mit Kindern, „weil sich die Kinder für die vielen Farben und Düfte begeistern lassen!" So wurde auch ein Naschgarten mit verschiedenen Beerenfrüchten gepflanzt, damit „man wieder von der Hand in den Mund leben kann", zumindest im Sommer.

Grillplatz mit Klatschmohnbluten

Mit den Krautern wird auch die Küche der Ferienanlage versorgt. Das Küchenpersonal braucht nur in den Garten zu gehen, um die Gewürze selbst zu ernten.

Für die Betreuung der Obstbäume ist Martin Händler zuständig. Das Obst wird im Herbst zu Maische verarbeitet und daraus Schnaps gebrannt.

„Wenn auch manchmal Trockenheit im Sommer und extreme Kälte im Winter dem Garten zu schaffen machen, so sind doch die positiven Einflüsse für jeden so heilsam!", meint Traudi Pfeifenberger, denn „Blumen sind ein Balsam für die Seele".

Kartoffel-Kräutersuppe

2–3 Kartoffeln
2–3 Karotten
3 Stück Schmelzkäse
Kräuter – eine Handvoll (Petersilie, Giersch, Liebstöckel, Gundelrebe)
Salz, Pfeffer, Suppengewürz

Kartoffeln und Karotten würfelig, Kräuter klein schneiden, mit 1,5 l Wasser aufkochen. Schmelzkäse dazu, verrühren, würzen, fertig.

Andrea Schlick
St. Michael, 1 070 m Seehöhe

Mein Terrassengarten

Rautenduft im Blumentopf

„'Terrasse – für den Aufenthalt im Freien bestimmter, an das Erdgeschoß eines Wohnhauses angebauter (nicht überdachter) Platz, auch größerer offener Balkon, Dachgarten.' So lautet zumindest die Erklärung des Wortes ‚Terrasse' in den Wörterbüchern.

Meine Terrasse bedeutet für mich ein Stückchen Natur direkt vor der Haus- beziehungsweise Wohnungstür. Nur ein paar Schritte trennen mich von meinem grünen Plätzchen. In der warmen Jahreszeit teile ich es mir mit den Pflanzen, die den Winter über lieber mit mir in der Wohnung verbringen. Oleander, Agaven, Kamelie und Wandelröschen sind sozusagen auf Sommerfrische. Das Wandelröschen ist mir besonders ans Herz gewachsen, ist es noch ein Ableger von einer Pflanze meiner verstorbenen Mutter. Mittlerweile ist es ein schöner Stock geworden und erfreut mich mit seiner Blütenpracht.

Weiters gibt es auf meiner Terrasse ein altes Holzfass – ein Geschenk von meinem Vater. Darin wachsen meine Lieblingsbäume: Vogelbeere, Birke, Weide und ein winzig kleines Ahornbäumchen.

Rundherum gedeihen in Töpfen Ringelblume, Schnittlauch, Zitronenmelisse, Rosmarin, Basilikum und Beifuß. Letzteren verbrenne/räuchere ich in meinem Terrassenofen. Die Kräuter werden zu jeder Tages- und Nachtzeit geerntet. Schon zum Frühstück kommen sie aufs Butterbrot und am Abend entspannt ein Melissentee vor dem Schlafengehen.

Ein besonderer Platz gehört noch den Unkräutern. Bei mir heißen sie ja nicht ‚Unkräuter', sondern ‚Nahrungsergänzungsmittel'. So sind zum Beispiel Vogelmiere und Franzosenkraut eine schmackhafte Zugabe zum täglichen Speiseplan.

Mein Olivenbäumchen darf ich nicht vergessen. Es bringt ein bisschen italienisches

Flair auf meine Terrasse. Mit geschlossenen Augen im Liegestuhl, Basilikum- und Rosmarinduft in der Nase, die warme Sonne (wenn sie einmal scheint) auf der Haut, Eros Ramazotti im Radio ... wer braucht da schon Italien?"

„Der eigene Garten ist für die meisten Menschen eine durch nichts zu ersetzende Freudenquelle. Wäre er es nicht, die Sehnsucht nach ihm wäre nicht so allgemein. Er gestattet uns, die schönsten Stunden sommerlicher Tage im Freien zu genießen, im Schatten einer Laube oder eines Baumes, im Schutze der Veranda oder eines besonderen Gartenhauses uns der Ruhe und Erholung hinzugeben!"

Johann Saathoff, „Der eigene Garten", 1936

Apfelminzsirup

Zutaten: 3 Handvoll Apfelminzblätter, 2 Zitronen, Schale von 3 Äpfeln, 50 g Zitronensäure, 2 kg Zucker, 3 l Wasser

Wasser mit Apfelschalen und Minzblättern aufkochen und auskühlen lassen, abseihen, Zucker darin auflösen. Zitronen in Scheiben schneiden. Alle Zutaten in einem Kübel vermengen und drei Tage kühl stehen lassen. Abseihen und in Flaschen füllen. Kühl lagern.

Für Sirupe eignen sich auch: Indianernessel, Lindenblüten, Schafgarbe, Rosenblüten, Holunder, Malve, Zitronenverbene ...

Katharina und Peter Stiegler
St. Margarethen, 1 111 m Seehöhe

Keine Absatzprobleme

Die Familie Stiegler störe ich gerade bei der Feiertagsruhe, als ich bei ihnen auftauche. Trotzdem werde ich ins Haus gebeten und mit Katharinas wohlriechendem Haustee bewirtet. Die Stieglers haben 1998 die Landwirtschaft gekauft und alles neu gebaut. Katharina erzählt: „Früher bin ich oft da vorbeigefahren und habe zum Peter gesagt: ‚In Pichlern müsste man wohnen.' Das ist dann Realität geworden."

Auf dem Acker, der in Wechselfruchtfolge bewirtschaftet wird, wachsen 3 000 Erdbeerpflanzen. 1999 wurde mit dem Erdbeeranbau begonnen und 2001 war die erste Ernte, dann ging es immer weiter aufwärts. Absatzprobleme gibt es keine, es könnte jedes Jahr mehr angebaut werden. „Das wäre dann aber zu viel Arbeit", meint Katharina. „Ich habe ja auch noch die Pferde, und die Kinder sind noch schulpflichtig!" Erfahrungen mit Erdbeerpflanzen machte Katharina schon in jungen Jahren auf dem Hof ihrer Eltern. „Der Lungauer Boden wäre sehr gut für solche Spezialkulturen geeignet", sagt sie, „doch es trauen sich zu wenige, etwas Neues anzufangen!"

Mich wundert, dass Katharina so viel Erfolg mit den Erdbeeren hat, wo doch Pichlern schattseitig liegt. „Wir sind hier zwar auf genau 1 111 m Seehöhe, aber wir haben in Pichlern die längsten Sonnenstunden. Die Nachmittagssonne begünstigt uns, das wirkt sich sehr gut auf die Pflanzen aus!"

Der Gemüseanbau wurde ein wenig reduziert, Salat wächst noch im Hausgarten und die restlichen Beete wurden mit Kräutern und Blumen bepflanzt.

Für den Haustee „Rundgang durch den Kräutergarten" sammelt Katharina vom Frühling bis zum Herbst die wohlschmeckendsten Kräuter: Schlüsselblumen, Melisse, Minze, Rosenblüten, Ringelblumen und Himbeerblätter.

Beim Überbrühen der Kräutermischung zieht ein angenehmer Duft durch den Raum. Auch der Tee verkauft sich gut. Und die Familie genießt ebenfalls gerne in der kalten Jahreszeit die Erinnerung an die Sonne im Kräutergarten.

Grießknödel mit Erdbeersoße

1 kg Erdbeeren
2 EL Zucker
Saft einer ½ Zitrone
100 g Butter
100 g Semmelbrösel

Teig:
½ kg Topfen
100 g Grieß
100 g Mehl
2 Eier
Salz

Die Zutaten für den Teig vermischen, Knödel formen, in Salzwasser kurz kochen lassen. Die Butter erwärmen, Semmelbrösel und geriebene Haselnüsse darin anrösten, Knödel aus dem Salzwasser nehmen und in den Bröseln schwenken. Die Erdbeeren mit dem Zucker und Zitronensaft mit dem Stabmixer verrühren, zu den Knödeln servieren.

Liesi Strauß und Raimund Enzinger
St. Margarethen, 1 070 m Seehöhe

Nichts ist für die Ewigkeit

Raimund sitzt barfuß am Gartenhang, die rechte Hand ziert ein Verband und Liesi gibt zu verstehen „Gartenunfall". Manchmal passiert eben etwas, und dann ist der Gärtner für ein paar Tage außer Gefecht.

Raimund hat schon viele neue Akzente im Garten gesetzt. Der Gemüsegarten wurde mit Steinplatten versehen, die Terrasse mit Bachsteinen erneuert und die steile Böschung vor dem Wintergarten hat er abgegraben und mit Holzstämmen befestigt, sodass jetzt Steinkraut, Hauswurz und Fette Henne wachsen.

„Der Garten wuchs in Etappen", erklärt Liesi. Früher, als die Kinder noch zu Hause waren, hat sie schon ein wenig gelitten, dass sie nie mit der Arbeit nachgekommen ist. Sie wollte gerne eigenen Salat, Bohnen, Rote Rüben, Kraut, Erbsen, Kohlrabi, Radieschen, Zwiebeln, Karotten, Erdbeeren, Zucchini und Kürbis – alles, was jetzt im Garten wächst. Aber früher ist vieles einfach liegen geblieben. Irgendwann einmal ist dann ihre Mutter mit dem Rasenmäher gekommen und hat somit automatisch die Berechtigung für die Rasenpflege erworben.

Jeder im Haushalt hat seine eigene Gartenaufgabe. Auch Liesis Vater ist eingebunden und sei es nur, dass alles mit der Kamera verfolgt wird.

Am Haus stehen Tomaten in Töpfen. Kumquat, Melonen und Pfefferoni trotzen dem Klima, Rosen lieben die Wärme an der Hauswand. Feigen hat Liesi aus Kroatien mitgebracht und sie sollen jetzt mit den Lungauer Temperaturen fertig werden. Dafür sind Rucola, Oregano, Thymian, Estragon, Lavendel, Majoran und Salbei schon besser abgehärtet und wachsen prächtig.

Raimunds Begeisterung fürs Kochen erwächst vielleicht aus der Vielfalt des Angebots und Liesis Tochter schwärmt heute noch von dem Gefühl, das aufkommt, wenn sie sich daran erinnert, wie es früher Schnittlauchbrote gab. Das sei für sie noch immer „daheim sein".

„Selber Salat zu ernten ist eigentlich nur das Nebenprodukt eines Prozesses, der das ganze Jahr hindurch stattfindet – ein Wachsen und Vergehen, ständige Veränderung, nichts ist Ewigkeit, alles ist dem Verfall und der Erneuerung ausgesetzt."

Selber Gemüse anzubauen gehört zum Grundbedürfnis des Menschen, finanziell kann dies nicht bewertet werden, nur ideell. Den Boden zu bearbeiten bedeutet für sie Heimat und gleichzeitig Verbundenheit mit der geistigen Welt.

Der Garten ist auch Inspiration, Ausgangspunkt für Liesis Bilder. Seien es Sonnenblumen, Hortensien oder Kartoffeln. In ihren Bildern verdichtet sich die Materie, sie führen in die metaphysische Welt. „So wie auch das Brotbacken", betont Liesi, die von einem Brotbackofen für den Garten schwärmt.

„Das hat mit Erdung zu tun, darin verbirgt sich eine andere Daseinsform! Irgendwann werden wir ja selber auch wieder in die Erde zurückkehren ..."

„Die Möglichkeit des Tauschens und Schenkens ist eine Komponente der sozioökonomischen Bedeutung der Hausgärten. Tauschen und Schenken bedeuten bargeldlosen Bezug und Weitergabe von Gartenprodukten und gleichzeitig eine soziale Verflechtung mit Nachbarn und innerhalb der Familie."

Brigitte Vogl-Lukasser, „Übern Zaun g'schaut", 2007

Kürbisgemüse

Kürbisse ernten, wenn sie noch kleiner sind. Schälen, würfelig schneiden, mit etwas Wasser aufkochen, abseihen, 1 EL Butter dazugeben und mit Salz, Pfeffer, Kümmel und Paprikapulver würzen.

Brunhilde und Michael Fanninger
Unternberg, 1 020 m Seehöhe

Marke Eigenbau

Kräuterspirale

Hollersirup

3 l Wasser
30 Hollerblüten
3,5 kg Zucker
75 g Zitronensäure
1 aufgeschnittene Zitronen

Alles vermengen, zwei Tage stehen lassen, dann abseihen und in Flaschen füllen. Zur Haltbarmachung werden die fest verschlossenen Sirupflaschen in einem Topf mit Wasser zwanzig Minuten lang gekocht.

Am Bauernhof der Familie Fanninger fallen gleich die schönen Mühlsteine und die gesammelten alten Arbeitsgeräte auf, die den Hof schmücken. Vor der imposanten Eingangstüre wird der Blick noch auf den Garten gelenkt. Da sind die Kräuterspirale, die Beerensträucher und die Hochbeete, alles mit gestalterischem Gefühl angeordnet.

„Der Garten ist alles in allem circa sieben mal acht Meter groß", meint Michael Fanninger. Dabei berechnet er aber nur die Nutzflächen, ohne Obstgarten und Rasen. „Er ist schon seit Generationen bewirtschaftet worden", erzählt er, „früher waren ja zehn Kinder am Hof."

Heute wird noch alles angebaut, was so gebraucht wird: Kraut, Zwiebeln, Karotten, Sellerie, Salat, speziell Endiviensalat, der im Herbst noch lange in den Hochbeeten bleiben kann, aber auch Kräuter und Beeren. „Wenn ich was zum Kochen brauche, gehe ich einfach in den Garten, um es zu holen", freut sich Brunhilde.

Zwar sind die Bauersleute im Sommer auf der Alm und es ist nicht mehr so viel Zeit für die Gartenbetreuung übrig, aber dort oben werden die Erzeugnisse aus dem Garten genauso gebraucht. Und so versorgt Brunhilde die Wanderer, die auf der Alm eine Rast einlegen, auch mit ihrem Hollersaft.

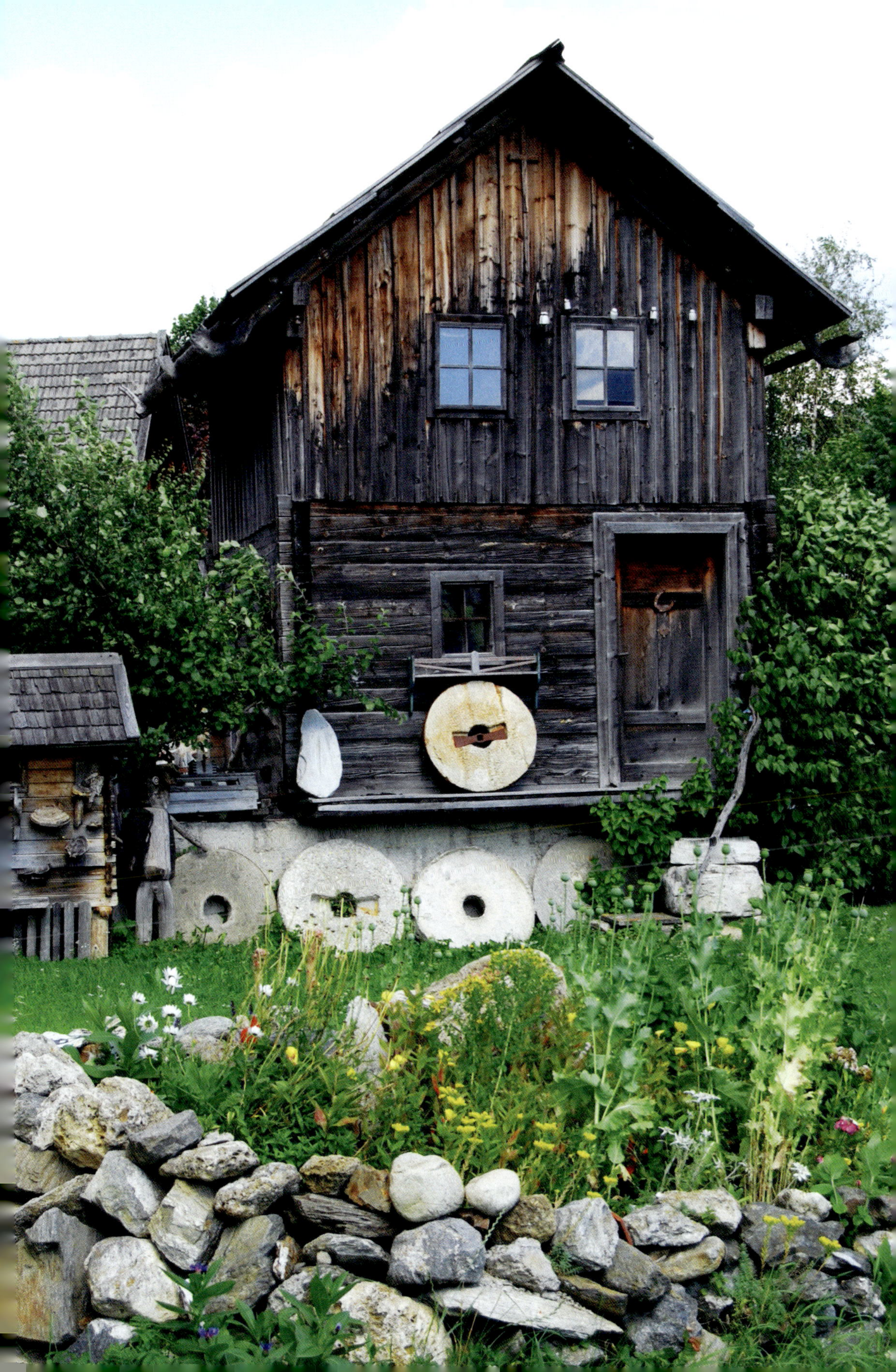

Elisabeth und Sepp Lüftenegger
Unternberg, 1 020 m Seehöhe

Eigenversorgung als Lebensprinzip

Bei meinem Besuch im März ist Elisabeth schon dabei, das Mistbeet herzurichten. Ein wenig Hühnermist und alter, gut verrotteter Kompost kommen in die Beete. Es wird nicht mehr lange dauern, dann kann schon gesät werden. Elisabeth bewirtschaftet seit 23 Jahren den Garten auf dem Neumayrhof. Mittlerweile kennt sie den Lungau und die klimatischen Gegebenheiten.

Der Gemüsegarten wird von den Ribiselstauden abgegrenzt. Dadurch entsteht ein Kleinklima, das sich sehr gut auf das Wachstum ihrer Pflanzen auswirkt. Salat, Sellerie, Wurzelpetersilie, Busch- und Puffbohnen (sogenannte Saubohnen), Lauch, Erbsen, Zucchini und Zwiebel hat sie im Gemüsegarten. Tomaten, dazwischen Kapuzinerkresse, Paprika, Pfefferoni und Gurken wachsen im Mistbeet am Haus.

Seit der Mauertrockenlegung werden die sonnenliebenden Pflanzen in Betonmischtröge gepflanzt und stehen entlang der Hausmauer. Diese Methode hat sich sehr bewährt.

Küchenkräuter wie Maggikraut, Oregano, Kapuzinerkresse, Basilikum, Ananassalbei und Kren ergänzen das Sortiment im Kräutergarten.

Radieschenblüte

Kraut gedeiht besser auf dem Acker. Nur mit den Karotten hatte Elisabeth nicht immer Glück, die werden nicht so gut. Im Beerensträuchergarten wachsen neben Himbeeren auch noch Ribiseln und Jostabeeren, die nach dem Ausschneiden wieder in den Boden gesteckt wurden und prächtig angewachsen sind.

Der Obstgarten gehört zu den Leidenschaften Ihres Mannes Josef Lüftenegger. Viele alte Bäume, aber auch neu gesetzte Äpfel-, Birnen-, Marillen-, Pfirsich- und Zwetschkenbäume obliegen der Pflege des erfahrenen Obstbaumzüchters. So ist auch verständlich, wenn Josef mit 1 000 Litern gepresstem Obstsaft sein Auslangen findet. Der Saft wird zum Teil zu Most vergoren und wiederum ein Teil davon wird mit Essigmutter angesetzt. Eigenversorgung mit dem, was am Bauernhof wächst und gedeiht, gehört zum Lebensprinzip.

Außerdem ist der Garten ein schönes Hobby und eine sinnvolle Beschäftigung.

„Im Klima liegt die Ursache des schlechten Gedeihens der Obstbaumzucht ... denn es brauset fast beständig der kalte Nordwind, es blühet kein Rebstock, keine Traube zeitiget, man sieht nicht Pflaumen, Äpfel und Birnen."

Ignaz von Kürsinger, „Lungau", 1853

Saubohnensalat

100 g getrocknete Saubohnen über Nacht einweichen, dann 15 Minuten lang köcheln lassen, mit einer halben Zwiebel und einem geschnittenen Paprika vermischen und Essig, Öl, Salz und Pfeffer dazugeben.

Saubohnen eignen sich auch gut für Gulasch und Eintopfgerichte.

Christl und Ernst Rainer
Unternberg, 1 020 m Seehöhe

Unkraut für die Küche

Johanniskrautblüte

Herzerlstock

„Wie groß?", entgegnet Christl verwundert auf meine Frage nach der Fläche ihres Gartens „Ui, nein, das weiß ich nicht!"

Eigentlich sei ihr Garten viel zu klein, meint sie. Im Frühling habe sie zu wenig Platz für die vielen Pflanzen, die da von selber aufgehen. Und zum Herzeigen sei ihr Garten auch nichts, denn da herrsche die reinste Wildnis. Sie komme oft nicht zum Jäten, weil andere Arbeiten auch noch anstehen, und es wachse daher alles zu dicht. „Aber Unkraut gibt es ja eigentlich nicht, das kann man ja alles in der Küche verwenden!"

„Sicher, andere Gärten sind oft wunderschön", sagt sie, und wenn sie wieder von einem Besuch nach Hause kommt, vergleicht sie das Gesehene mit ihrem Durcheinander. Das hat auch seine Berechtigung. Dabei schaut das Durcheinander im Sommer so wunderbar aus. Christl versteht es eben, den Pflanzen die richtige Nachbarschaft zu gönnen.

Im Garten sind so viele Insekten – Bienen, Schwebfliegen, Schmetterlinge – die finden so viel Nahrung. Und die größte Freude für Christl ist es, ihrem Mann und ihrem Sohn zuzuschauen, wenn sie vor einer Blüte stehen und mit dem Fotoapparat auf den passenden Moment warten. „Der Ernst schafft es, den Garten ins beste Licht zu rücken!"

Das Gemüse wird manchmal schon ein wenig vernachlässigt. Was sie sät, geht oft nicht auf. Das liegt vielleicht sogar an den Samen, die nicht mehr die Qualität wie früher haben. Salat und Kohlrabi und Erdäpfel und Kraut und Kohl und Karfiol und Duschen (Kohlrüben) wachsen meistens aber doch prächtig.

Die Kräuter wachsen besonders gut – 25 Königskerzen leuchten zwischen Akeleien, Eibisch und Weinraute. Ein gelber Enzian schmückt den Hausaufgang, den hat schon ihr Schwiegervater eingesetzt. Daneben wachsen

Gartennotizen:

15. März: Im Gewächshaus habe ich zwei lange Gräben gegraben und mit Schafmist gefüllt. Dadurch sind in der Mitte zwei Hügelbeete entstanden, die ich mit Zwiebel, Salat, Kraut, Kohlrabi, Spinat und Petersilie bepflanzt habe.
Ich hatte mehr Anbaufläche und das Gemüse wurde sehr groß und schön.

18. April: Die Böschung vor dem Haus wurde mit Erdbeeren bepflanzt. Der Boden ist ziemlich steinig.

15. Oktober: Es ist schon fast alles abgeerntet, ein paar Fenchel und Lauchstangen sind noch im Garten.
Heuer hatten wir ziemlich viel Kraut, 7 Krautfässer wurden eingeschnitten. Karotten waren riesig, Erbsen sind wieder nichts geworden. Die Bohnen wurden von den Enten abgefressen.

Duschensuppe

Für die Duschensuppe werden die Gelben Rüben verwendet, die schmecken wie Kohlrabi.

Mit 1 EL Butter und 2 EL Mehl eine Einbrenn machen, mit Milch aufgießen, 1 mittelgroße Duschenrübe fein reiben. In die Suppe geben, mitdünsten und würzen (mit ein bisschen Knoblauch), mit dem Pürierstab verrühren und etwas Sauerrahm hinzufügen. Je nach Belieben mit einem Schuss Kernöl verfeinern. Die Duschen können wie Zucchini auch für einen Kuchen oder Schnitten verwendet werden (Rezept Seite 112).

Diptam und Mariendistel – eine herrliche Pflanze! Die Blätter verwendet Christl für den Salat – nur die Stacheln werden weggeschnitten.

„Ich hab da keine Regeln, was kommt, das kommt. Wozu die ganzen Vorgaben, wie etwas auszusehen hat – in der Natur gelten ja auch keine Regeln". Ihre Laufenten beachten auch keine Vorschriften, sind eben Laufenten und laufen überall durchs Dorf.

„Unter den Gartengewächsen sind der Blumenkohl (Karfiol), der Weißkohl (insgeheim Kraut und eingesäuert Sauerkraut genannt) hervorzuheben, denn die Karfiol und Krautköpfe sind von vortrefflicher Güte und erreichen eine ungewöhnliche Größe!"

Heinrich Wallmann, „Lungau", 1863

Erna Santner
Unternberg, 1 020 m Seehöhe

Mit Liebe gärtnern

… und das seit 1978! Der Garten von Erna Santner fiel mir schon früher einmal auf, als ich mit dem Rad vorbeifuhr. Das Grundstück hat eine leichte Hanglage auf der „Schattseite" von Unternberg, dennoch scheint das ganze Jahr lang die Sonne in ihren Garten. Das Haus steht inmitten des Blumen-, Obst- und Gemüsegartens.

Auf der 100 Quadratmeter großen Fläche wird viel Lagergemüse für den Winter angebaut. Erna zeigt mir noch die Schätze aus dem letzten Jahr, die sie im Wintergarten in sandiger Erde aufbewahrt: Kraut und Kohlrabi, der ausschaut, als ob er gerade erst geerntet worden wäre.

Kartoffeln werden ebenso angebaut wie Karfiol, Zucchini, Kürbis, Endiviensalat, Zuckerhut und Duschen. Tomaten wachsen beim Haus in Töpfen.

Eine alte Bohnensorte, die Berner Landfrauen-Bohne, wächst bei Erna schon seit Jahren im Garten. Und Radicchio hat sie natürlich auch, der ist ja so herrlich bitter. Mit Karotten hat sie allerdings nicht so guten Erfolg, dafür aber mit den Küchenkräutern wie Petersilie, Liebstöckel und Pimpinelle. Currykraut, Winterheckenzwiebel, Lungenkraut und Waldmeister, Minze, Bohnenkraut, Oregano und Goldmelisse findet man ebenfalls.

"Bohnen werden nirgends im Erzstifte so häufig gebauet als im Lungau; Mißrathen diese, so steigt auch der Roggen im Preise, dessen Stelle die Bohnen vielfältig vertretten müssen.
Sie werden gesäet, nicht gesteckt und gleich nach der Kornärnte noch grün geschnitten."

Lorenz Hübner, „Beschreibung der hochfürstlich-
erzbischöflichen Haupt- und Residenzstadt
Salzburg und ihrer Gegenden verbunden mit
ihrer ältesten Geschichte", 1796

Rohkost mit Duschen

1 Kohlrübe schälen, fein reiben, mit 125 ml Joghurt und Zitronensaft, Öl und etwas Salz verrühren.
Kohlrabi kann auch so angerichtet und am Teller getrennt aufgelegt werden. Das schaut dann appetitlich aus, ist gesund und schmeckt vorzüglich.

Beim Spaziergang an einem Frühlingstag erahnt man schon, welche Blumenpracht im Sommer den Garten schmücken wird. Die Zwerg-Iris leuchten einem entgegen und Tulpen und Narzissen strecken ihre jungen Triebe aus dem Boden. Primeln stehen kurz vor der Blüte, Schneerosen, Leberblümchen, Akelei, Malven, Margeriten und die Blätter von verschiedenen Glockenblumen zeigen an, wo sie im heurigen Jahr zu wachsen gedenken.

Entlang des Zaunes stehen Hortensien, Weigelien, Spiersträucher, Stachelbeeren, Ribiselstauden, Himbeeren, Jostabeeren, eine Vogelkirsche und Apfelbäume mit vorbildhaft bearbeitetem Baumkranz.

Dieses grüne Paradies wird seit 20 Jahren nur mit Hornspänen, Steinmehl und Kompost gedüngt. Ernas Urlaubsgäste schätzen die Genüsse aus dem Garten, die sie bei Erna ernten dürfen. Ernas Mann arbeitet natürlich auch im Garten mit und erfreut sich ebenfalls am eigenen Gemüse und an der Blumenpracht.

Rosi Rainer
Unternberg, 1 020 m Seehöhe

Tor zum Schlaraffenland

„Ich wäre mit Leib und Seele gerne Gärtnerin geworden!", erzählt Rosi. „Aber vielleicht war es eh besser so, sonst würde ich die Gartenarbeit gar nicht mehr so gerne machen", meint sie ergänzend.

Den Garten hat sie zusammen mit dem Haus von ihrer Oma geerbt und in den letzten 17 Jahren alles komplett umgegraben. Zum Glück hat ihr Mann viel Geduld für „ihren Vogel" und hilft gerne mit, wenn es um schwerere Arbeiten geht.

„Dafür bekommt er was G'scheites zum Essen", meint sie, „und die Kinder mögen auch so gerne den eigenen Salat!"

Aber nicht nur Salat hat sie angebaut, sondern auch verschiedene Bohnen. Den Romanesco-Karfiol mag sie besonders gern, der wächst auch so gut. Zudem hat sie noch Erbsen, Karotten, Porree, Petersilie und Fenchel im Hausgarten. Den Sellerie schützt sie durch eine kleine Steinmauer, dadurch kann er sich gut entwickeln.

Hinter dem Haus hat sie noch einen weiteren Garten, wo Kraut wachsen kann. Dort wurden auch Karotten gesät, eine violette Sorte, und blauer Karfiol, weil sie alles ausprobieren möchte, was interessant ist.

Das Frühbeet wird nach der Pflanzung der Krautsorten für die Kürbisse und Zucchini verwendet. Zudem hat Rosi noch ein kleines Glashaus für Tomaten, Paprika und Pfefferoni.

Das Haus schmücken die Birnen- und Marillenspaliere. Weichseln, Zwetschken, Ringlotten und viele Apfelbäume hat ihr Mann gepflanzt. „Ribiseln und Jostabeeren gehören sowieso in einen g'scheiten Garten", bekräftigt Rosi ihre Liebhaberei.

Die Besonderheit ist natürlich ihr Kräutergarten mit der Kräuterspirale. Vor ein paar Jahren wurde bei einem Unwetter ein Teil des Kräutergartens zerstört, aber die Steine konnten wieder verwendet werden und der Garten wurde neu gestaltet.

Indianernessel, Melissen, Ysop, Zitronenverbenen, Kapuzinerkresse, Majoran, Apfelminze, Thymian sowie Ananassalbei verströmen ihren Duft, sodass einmal sogar ein Baggerfahrer, der in der Nachbarschaft gearbeitet hat, angelockt wurde und Rosi in ihrem Garten besuchen kam.

Sie ist auch gerne bereit, Erfahrungen weiterzugeben, und zeigt ihren Besuchern das Beispiel, wie der Mais die Stangenbohnen beim Hinaufwachsen stützt.

„Mit dem Jäten nehme ich es nicht so genau, das Krautland muss mit einer Bearbeitung zufrieden sein. Außerdem trocknet der Boden sonst zu stark aus, da soll man es nicht bis zur Perfektion treiben!", fügt sie ergänzend hinzu.

„Voriges Jahr hatte ich so viele Stangenbohnen, dass ich sie taschenweise verschenkt habe. Und die Kürbisse, die ich nicht mehr brauchen konnte, habe ich auf der Gartenmauer aufgestapelt, damit die Leute, die vorbeikamen, welche mitnehmen konnten!"

Vielleicht wohnt Rosi am Tor zum Schlaraffenland?

Eingelegter Kürbis

2 kg Kürbis
1 kg Paprika
500 g Zwiebeln
je ¾ l Apfelsaft und Essig
½ l Wasser
2 TL Gurkengewürz
1–2 TL Curry
4 TL Salz
200 g Zucker

Gemüse würfelig schneiden, in der Flüssigkeit aufkochen, dann die Gewürze dazugeben und alles zusammen erneut aufkochen. Noch heiß in Gläser füllen.

„Gärtner und Gärtnerinnen sind meistens stille, hilfreiche und weise Menschen, die fest auf dem Boden stehen und Vertrauen ausstrahlen. Sie sind auch Optimisten, denn sie leben mit ihrem Planen und ihren Vorstellungen von der kommenden Schönheit und Freude im Garten der Jahreszeit immer ein wenig voraus!

Ruth Ammann, „Der Zauber des Gartens und was er unserer Seele schenkt", 1999

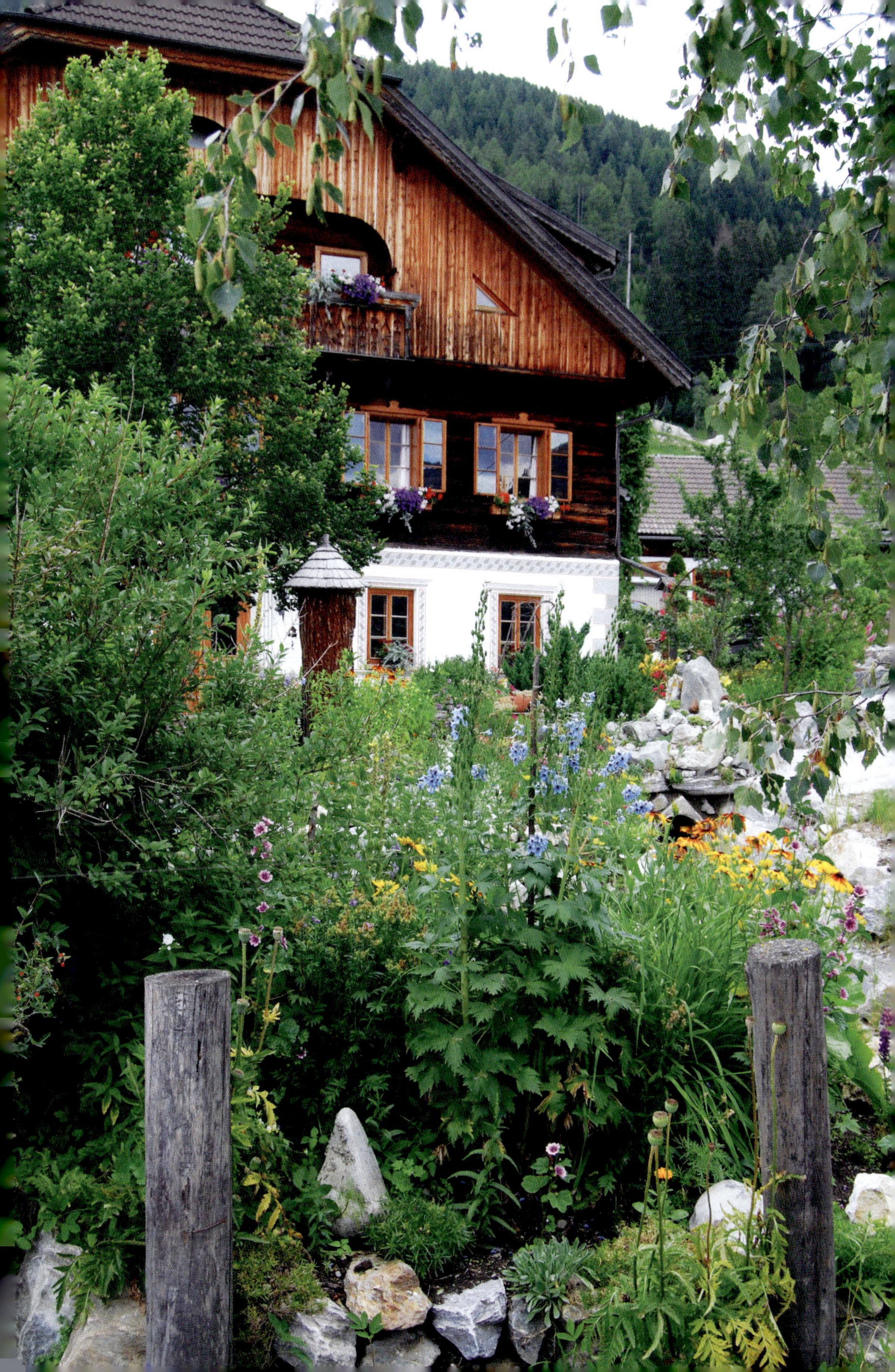

Maria und Raimund Lüftenegger
Unternberg, 1 000 m Seehöhe

Der Garten ist mein Hobby, ich kann es nicht lassen

„Wenn ich die Maria gesucht habe, wusste ich oft nicht, in welchem der drei Gärten sie gerade arbeitete", scherzt Raimund. Dazwischen liegt ein kleiner Spaziergang. Schließlich kümmert sich Maria auch um den öffentlichen Kräutergarten der Gemeinde.

Heuer möchten Maria und Raimund das Frühbeet zu einem Hochbeet umbauen, das Glashaus wird die Schwiegertochter übernehmen und den Gemeinde-Kräutergarten wird Maria noch so lange betreuen, wie es ihr möglich ist. „Ich mache die Arbeit einfach so gerne!", bekräftigt sie den Auftrag, den sie vor 15 Jahren angenommen hat, als der Unternberger Kräutergarten mithilfe von Subventionen errichtet wurde.

Damals wurde eine Gesellschaft bürgerlichen Rechts gegründet und viele Ortsbewohner haben beim Bau mitgewirkt. Der Garten liegt hinter der Volksschule und ist öffentlich zugänglich. Jetzt sei nur noch sie für die Betreuung des Gartens übrig geblieben, viele hätten keine Zeit mehr gehabt, erzählt Maria. Der Boden wird im Frühjahr nur gelockert und nicht umgestochen. Bei den Kräutern muss man sowieso anders wirtschaften. Allerdings wachsen sie so stark, dass mittlerweile schon alles miteinander verwachsen ist und die Beschriftungen nur mehr wenig nützen. Zu Maria Himmelfahrt wird alles, was im Garten noch blüht und gedeiht, für Kräuterbuschen abgeschnitten, die dann in der Kirche geweiht und an die Bevölkerung verteilt werden.

Die Teekräuter werden für verschiedene Mischungen geerntet. Maria mischt sie mit Ribisellaub, Erdbeerlaub und Kirschlaub, das gibt einen guten Geschmack.

Sie hat die Liebe zu den Pflanzen schon in der Volksschule entdeckt. Damals mussten die Kinder verschiedene Pflanzen in die Schule mitbringen, die dann beschriftet und geordnet wurden. Seitdem wurde ihr Blick für die Pflanzen immer mehr geschärft,

Gartennotizen:

19. Februar: Im Gewächshaus habe ich schon die Beete hergerichtet, Steinmehl gestreut und Karotten, Petersilie, Spinat und Radieschen gesät.

18. April: Letzte Woche haben wir 20 Maibeerstauden gesetzt, dann kam die Kälte, eine Woche lang minus 8–10 °C.

1. Oktober: Die Tomaten wurden heuer im Gewächshaus riesengroß, werden wohl nicht mehr reif vor dem Frost.
Am Krautacker wurde das Kraut ziemlich wurmig, Spinat ist ausgeblüht. Fenchel war in Unmengen vorhanden. Die Erbsen brauchen unbedingt einen guten Boden, sonst ist alles umsonst.

18. November: Fertig. Der Garten ist verwandelt, jetzt kann der Winter kommen. Lauter Hügel und Wege sind geworden und dann hab ich mit Stroh zugedeckt. Die Ideen wachsen schon für den neuen Kräutergarten.

„Auf, also! Lernt für jede Art die richtige Pflege, ihr Bauern, veredelt die wilden Früchte durch Kultur und lasst das Land nicht träge liegen! [...] Pflanzen, die sich von selbst zu den Küsten des Lichts erheben, wachsen zwar ohne Früchte, doch üppig und kraftvoll heran, wirkt doch die zeugende Kraft in der Erde. Veredelt aber einer auch diese Gewächse und vertraut sie nach solcher Wandlung lockeren Gruben an, dann legen sie ihre Wildheit ab und nehmen durch stetige Pflege ungesäumt jede künstliche Form an, die du befiehlst!"

Vergil, „Georgica" (Vom Landbau), 70 v. Chr.

und wenn sie übers Feld geht, findet sie immer einen Viererklee.

Raimund war 15 Jahre lang Obmann des Obst- und Gartenbauvereins. In dieser Zeit kauften die Unternberger die Obstpresse. Es war große Pionierarbeit nötig, denn am Anfang gab es noch viele Probleme und Raimund hat oft nächtelang über Lösungen gegrübelt. Letztes Jahr wurden 137 000 Liter Obstsaft gepresst, sogar von der Steiermark und von Kärnten kamen Leute mit ihrem Obst zum Pressen.

Die Kläräpfel seien allerdings nicht so gut geeignet, erklärt Raimund, die sollten die Leute lieber zu Apfelschnitz verarbeiten.

Und für Sirup könnten die Gischgalatzn (Berberitzen) und die wilden Vogelbeeren mit Äpfeln entsaftet werden. Das sei der beste Energielieferant für den Winter!

Cilli Fötschl
Thomatal, 1 050 m Seehöhe

Man hat es einfach „drin"

Cilli Fötschl treffe ich beim Hackstock, wo sie gerade dabei ist, die Baumabschnitte zu Spänen zu zerkleinern. Die braucht sie für das Hochbeet. Ein Nachbar hat ihr versprochen, beim Bauen des Hochbeetes behilflich zu sein, das Frühbeet ist leider kaputt geworden.

Cillis Mann ist vor 25 Jahren verunglückt und fünf Jahre danach starb auch ihr Sohn. Aber die Töchter kommen manchmal mit den Enkelkindern, dann gibt es bei der Oma immer etwas aus dem Garten zum Naschen.

Cilli Fötschl kann gut alleine leben, sie kommt mit allem zurecht, nur manchmal braucht sie männliche Hilfe. Die Gartenarbeit ist sie von ihrer Kindheit her gewöhnt. „Bauernkinder sind mit dem Wissen vom Gärtnern und der Vorratshaltung aufgewachsen".

„Nebst dem werden im Lungau noch Erdäpfel, Rüben und Karfiol (Kraut), sowie auch noch andere Gemüsearten angebaut, jedoch gewöhnlich von schlechter Qualität!"

H. Haffinger „Geographie, Klima, Vegetation und Volkswirtschaft im Lungau", 1913/14

Ohne Garten könne sie es sich gar nicht vorstellen.

Wir gehen um das Haus herum und ich staune, wie groß der Garten ist. Eine Mauer im Hintergrund gibt vermutlich so viel Wärme ab, dass das Gemüse gut gedeihen kann. Karfiol, Kraut, Brokkoli, Sellerie, Porree, Zwiebel, Knoblauch und Erdäpfel hat Cilli Fötschl in ihrem Garten kultiviert. Dazwischen wachsen Goldmelisse, Liebstöckel, Schnittlauch, Petersilie, Mohn und Erdbeeren. Am Gartenzaun hat sie Rosen, Buchs, Spieren, Sonnenblumen und Fliederstauden gepflanzt.

Die uralten Ribiseln, Himbeeren und der Apfelbaum tragen so reich, dass sie alleine gar nicht alles aufbrauchen kann. Deshalb freut sie sich, wenn die Enkelkinder kommen und mitnaschen. Dann gibt es auch einen „Omahonig" zum Probieren, denn Cilli betreut acht Bienenstöcke und ist eine der wenigen Frauen im Lungau, die sich der Imkerei verschrieben haben.

Ihre besondere Vorliebe für Garten- und Balkonblumen ist nicht zu übersehen. Die Pelargonien überwintert sie allerdings nicht mehr, die kauft sie einfach im Frühjahr wieder nach. „Der Garten gibt mir so viel Freude und Entspannung, darum ist mir die Zeit, wenn ich im Garten arbeite, so viel wert!", bekräftigt sie ihre Gartenlust.

Marinierter Knoblauch

1 kg geschälter Knoblauch
¼ l Weißwein
¼ l Weinessig
½ l Wasser
3 TL Salz
4 Lorbeerblätter
1 TL Pfeffer
8 Nelken
½ TL Rosmarin
½ TL Thymian
70 g Zucker

Knoblauch in der Marinade 2 Minuten aufkochen, dann einen Tag lang stehen lassen.
Am nächsten Tag nochmals kurz aufkochen, der Knoblauch soll noch knackig sein, dann mit der Marinade in Gläser füllen, einen Schuss Olivenöl darübergießen und die Gläser luftdicht verschließen.

Anni und Erwin Bauer
Thomatal, 1 050 m Seehöhe

Gartengeschenke

Eigentlich wollte ich die Reitbäuerin in Thomatal besuchen, die mit ihrem Kräutergarten bekannt geworden ist, aber da sie beim zweiten Besuch auch nicht zu Hause ist, fahre ich mit meinem Mann Anni und Erwin Bauer besuchen.

Während mein Mann die neue Schaukäserei besichtigt, schaue ich mich etwas im Garten um. Erwins Eltern kommen herbei und es entwickelt sich alsbald ein Gartengespräch, sodass ich gleich meine Notizen mache.

Den Garten bewirtschaftet die Familie seit 1975 und davor gab es schon seit Generationen einen Garten an Ort und Stelle.

Anni Bauer zählt auf, was sie anbauen: Radieschen, Rona, verschiedene Salatgattungen, Karfiol, Kohlrabi, Karotten, Zwiebeln, Zucchini, schwarzen Rettich, Kürbis und Rhabarber.

Von den Küchenkräutern wachsen Petersilie, Schnittlauch, Apfelminze, Salbei, Majoran und Indianernessel.

Kraut und Karfiol werden auf dem Acker bei den Eachtling am schönsten. „Wichtig ist, dass das Kraut erst Anfang Juni gesetzt wird, denn Maikraut heißt ‚Saukraut'." Mit den Tomaten hatten die Bauers allerdings nicht so guten Erfolg, die werden erst im Herbst in der Küche reif.

Verschiedene Salatsorten

Im Obstgarten findet man Ringlotten und Kriecherlbäume, Zwetschken-, Marillen- und Apfelbäume. Ribiseln, Himbeeren und Erdbeeren, Gloster (Jostabeere) und Miggatzn (Stachelbeeren) runden das Angebot ab.

Fruchtsaft

Ribiseln, Jostabeeren, Kriecherl oder Ringlotten mit Zucker und Zitronensäure vermischen, einen Tag lang stehen lassen, dann mit einem Tuch auspressen, mit Wasser aufkochen und in Flaschen abfüllen.

Frau Bauer betont, dass es ihr um die Selbstversorgung geht. „In Thomatal gibt es keine Einkaufsmöglichkeit mehr und wir müssten wegen jeder Kleinigkeit nach Tamsweg fahren. Da überlegt man sich, ob es nicht gescheiter wäre, alles selber zu haben!" Außerdem ist ja auch die Qualität entscheidend.

Manchmal wird sie gefragt, was sie denn mit so viel Zeug aus dem Garten mache. „Da wachsen von selber Geschenke", gibt sie zur Antwort und Herr Bauer bestätigt: „Die Arbeit darf dir halt nicht zu schlecht sein."

Martina und Martin Gautsch
Thomatal, 1 050 m Seehöhe

Sinnvolle Arbeit

Familie Gautsch besuche ich eigentlich wegen der Schnitzarbeiten, die Martin anfertigt, aber beim Haus sehe ich gleich den großen Hügel und das interessant gestaltete Hochbeet.

Martin kommt aus seiner Schnitzwerkstatt und zeigt mir den Garten. Vor zwei Jahren haben sie den Außenbereich neu geplant und dabei ist so viel Erdmaterial übrig geblieben, dass daraus ein Beerenhügel wurde. Die Kinder können auf dem Hügel selber ihre Vitamine ernten.

Den hinteren Teil des Hügels hat der Opa beansprucht. Zeit seines Lebens begeistert er sich schon für Blumenaufzucht und Gartenarbeit, deshalb sind vor allem auch die Balkonblumen sein Revier. Und auf der Ostseite des Beerenhügels wachsen verschiedene Kürbisvarianten, die der Opa kultiviert.

Die Oma ist für den Gemüsegarten zuständig, in dem haufenweise Spinat wächst, und Martina Gautsch betreut die Kräuterspirale. Dort wachsen Salbei, Thymian,

Bartnelken auf dem Hügelbeet

Spinatpalatschinken

Palatschinken: 2 Eier, 200 ml Milch, 1 EL Öl, 100 g Dinkelmehl, Salz, Muskatnuss

Fülle: 800 g Spinat, 1 Zwiebel, 3 Knoblauchzehen, 2 EL Olivenöl, 200 g Schafkäse (Feta), 2 EL frisch gehackter Thymian, Salz, Pfeffer

Guss: 2 Eier, 1 Becher Sauerrahm, Salz, Pfeffer

Eier mit Milch und Öl verquirlen, dann Mehl einrühren und würzen. Den Teig 15 Minuten rasten lassen. Inzwischen den Spinat waschen, putzen, kurz in Salzwasser überbrühen, kalt abschrecken und gut ausdrücken.

Zwiebel und Knoblauch schälen und klein hacken, in Olivenöl anschwitzen, Spinatblätter ein paar Mal durchschneiden und mitbraten. Gemüse in einem Sieb abtropfen lassen, klein geschnittenen Käse und Thymian einrühren, mit Salz und Pfeffer würzen.

Aus dem Teig mit wenig Öl Palatschinken backen. Diese mit der Spinatmasse belegen, einrollen und in eine mit Öl ausgestrichene Auflaufform legen. Backrohr auf 200 °C vorheizen, Sauerrahm und Eier verquirlen und im vorgeheizten Rohr etwa 30 Minuten backen.

Lavendel, Bohnenkraut, Schnittlauch, Estragon, Majoran, Liebstöckel, Johanniskraut und Kamille.

„Wenigstens etwas Gemüse und Kräuter hat man selber", meint Martina, während sie den Kindern die Schuhe anzieht.

Martin führt mich ins Haus und holt Fotos von seinen Schnitzarbeiten hervor.

„Mit dem Sagmeister Hans, der die Firma Holz Moser in Thomatal hat, hat es angefangen", erzählt er. Martin fertigte für ein Forschungsprojekt Skulpturen aus Zirbenholz-Abschnitten für Spielplätze an. Jetzt bekommt Martin alle Aufträge für Sonderanfertigungen und Schnitzarbeiten für den Außenbereich von der Firma Moser. Manche Figuren werden bemalt, jedoch sind diese meist Wind und Wetter ausgesetzt und die Farben verblassen nach einigen Jahren.

Schnitzarbeiten von Martin Gautsch stehen im Tiergarten Schönbrunn in Wien oder beim Vivarium in Mariahof.

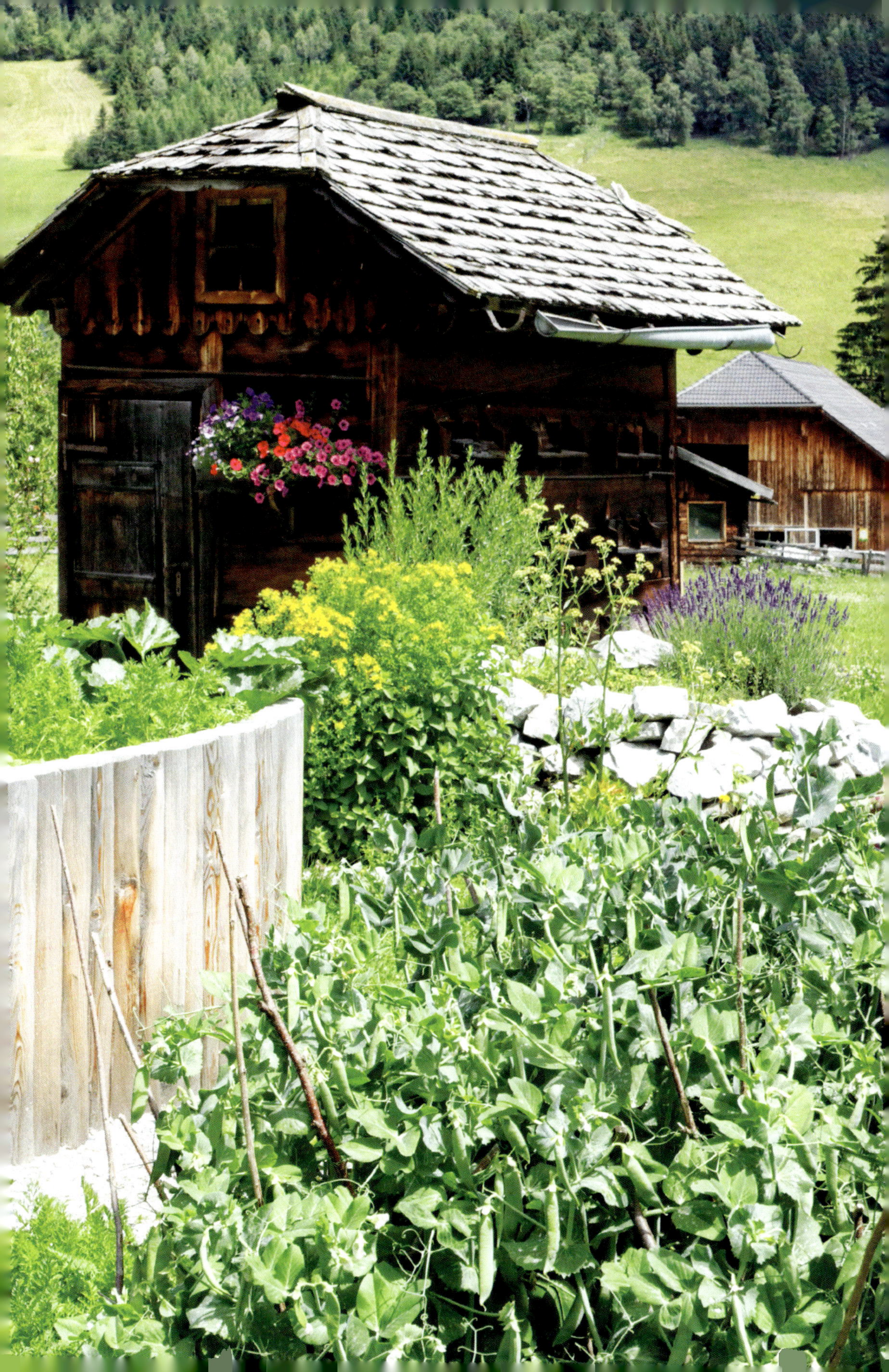

Martha und Hans Bogensberger
Ramingstein, 969 m Seehöhe

Erinnerung an das Paradies

Bei der Auffahrt zu den Bogensbergers erfreuen mich die schönen Akeleien, die sich zwischen Asphalt und Gartenmauer angesiedelt haben. Beim Blick hinter die Fliedersträucher entdecke ich Hans Bogensberger auf der Terrasse. „Martha macht eigentlich die Gartenarbeit", entschuldigt er sich, „aber sie ist zu einer Lehrerveranstaltung gefahren." Also erzählt Hans von seinen eigenen Gartenerfahrungen.

Seine Eltern hatten eine kleine Keusche und in seiner Kindheit musste er oft die Ziegen hüten. Oberhalb des Dorfes hatten sie ein kleines Grundstück, das sie „Paradies" nannten. Dort wuchsen Obstbäume, Kartoffeln und ein wenig Gemüse. Er erinnert sich noch an die wunderschönen Tage im Paradies, wenn die Äpfel reif waren oder die Kartoffeln gegraben wurden. Auch heute noch mag er die Erdbeeren, Ribiseln und Himbeeren aus dem eigenen Garten.

Im Gemüsegarten sehe ich die jungen Kraut-, Karfiol- und Kohlrabipflanzen, dazwischen wurde Salat gesetzt. Radieschen, Rote Rüben, Karotten und eine Palette Gartenkräuter umranden die Beete.

Der Rhabarber steht in voller Pracht, Kürbis wächst auf dem Komposthaufen und dahinter schiebt ein Nussbaum seine jungen Blätter heraus. „Die Nüsse werden allerdings nicht reif in unserer Gegend", gibt Hans zu verstehen.

Mein Blick schweift zur Burg Finstergrün und ich frage den ehemaligen Ramingsteiner Bürgermeister, warum bei der Burg so viele seltene Gehölze wachsen.

„Das war einmal der Englische Garten", weiß er zu berichten. „Da hat man wie bei anderen Herrschaftshäusern einen Garten angelegt. Aber das war ja nur ein Ziergarten. Die Gräfin selber hat im Lungau bezüglich Gartenbau sehr viel bewirkt." Hans Bogensberger organisierte im Jahr 2008 die viel besuchte Ausstellung über Gräfin Margit Szapary (1871–1943). Die Gräfin wurde gegen Ende des Ersten Weltkrieges von der Salzburger Landesregierung beauftragt, eine Gemüsebauaktion für die Versorgung der Bevölkerung zu starten. Damals drohte eine große Hungersnot, die Ernährungssituation war katastrophal, es gab keine Versorgungsstrukturen mehr und so wurde Gemüse aus dem Lungau nach Hallein und Salzburg geliefert. Im Jahr 1917 wurden im Rahmen der Gemüsebauaktion etwa 130 Tonnen Gemüse und 4 bis 6 Tonnen Getreide geerntet[10]

Die Bauern mussten erst von der Sinnhaftigkeit des Gemüseanbaus überzeugt werden und das trug der Gräfin Szapary den Spitznamen „Kellarabi-Hatschn" ein.

In der Zwischenkriegszeit hat die Gräfin Exkursionen zu landwirtschaftlichen Betrieben in der Schweiz und im Burgenland organisiert und finanziert, weil sie neue Einkommensmöglichkeiten mit neuen Anbaumethoden aufzeigen wollte. Die Überzeugungsarbeit für neue Ideen und Innovationen trägt vielleicht erst jetzt Früchte. Manche Pioniere kämpfen ihr Leben lang für eine gute Sache, werden missverstanden und belächelt und können die Lorbeeren erst nach ihrem Ableben ernten. Zumindest konnten mit der Ausstellung, die Hans organisiert hat, die großartigen Leistungen der Gräfin gewürdigt werden.

Rhabarberkompott

3–4 Rhabarberstangen schälen, in Stücke schneiden und mit 2 EL Zucker aufkochen. Dann abkühlen lassen und das Kompott anschließend in den Kühlschrank stellen, „weil es gekühlt viel besser schmeckt", bekräftigt Hans Bogensberger.

Margarethe Dröscher
Einach (Steiermark), 920 m Seehöhe

Ein Gärtlein zum Staunen

Dass die Margarethe eine Ausnahme macht, weil sie ja nicht mehr im Lungau, sondern an dessen Grenze, in der Steiermark, ihren Garten betreut, wird wohl sofort auffallen, aber „ein Eck ist noch Lungau", bemerkt sie scherzend, weil sie beim Fötschlbauern in Tamsweg aufgewachsen ist.

Bei meinem Besuch arbeiten gerade ihr Mann und ihre Söhne die große Zirbe und den Ahornbaum auf, die am Morgen gefällt wurden. Ein wenig tat ihr schon das Herz weh, als die Bäume umfielen, aber sie möchte den Garten vergrößern und da braucht sie mehr Platz und mehr Licht. Was verständlich ist, denn wenn man Margarethes Gärtlein betrachtet und sie aufzählt, was da alles wächst, kommt man in Anbetracht der 50 Quadratmeter ins Staunen.

Vom Gemüse hat sie: Salat, Kürbis, Karfiol, Kohlrabi, Lauch, Zwiebeln, Erbsen, Bohnen, Radieschen, Brokkoli, Rote Rüben, Sellerie, Erdbeeren, Vogerlsalat und Schwarzwurzel.

Und dazwischen wachsen die Kräuter – sie weiß ganz genau, wo jedes Kräutlein steht: Petersilie, Brotklee, Lavendel, Schnittlauch, chinesischer Lauch, Heckenzwiebel, Ysop, Mutterkraut, Oswegokraut, Salbei, Estragon, Bärlauch, Weinraute, Eberraute, Geißraute, Kornblume, Johanniskraut, Liebstöckel, Apfelminze, Herzgespann, Arnika,

Ziest, Heiligenkraut, Balsamkraut, Katzenmelisse, Odermenning, Zitronenmelisse, Kamille, rote Schafgarbe, Tausendguldenkraut, Bergbohnenkraut, Königskerze, Engelwurz, Sonnenhut, Goldmelisse, Alant. Beim Aufzählen rufen zwischendurch ihre Söhne ein paar Kräuternamen herüber, um sie zu verwirren, aber da lässt sie sich nicht aus der Ruhe bringen.

Jedes Pflänzchen kennt sie persönlich – ach ja, und auch noch die Kräuter, die sie erfolgreich im Haus überwintert hat: Lorbeer, Currykraut, Rosmarin, Zitronenverbene, Ananassalbei und Stevia.

Hinter dem Haus, dort wo früher der Garten war, hat sie jetzt

Gartennotizen:

29. Mai: Saukalt, saukalt, saukalt! Es wächst nichts! Unkraut schon! Der Salat hat grad ein paar Blätter bekommen. Karfiol und Kohlrabi sind angewachsen, aber die Schafe haben alles wieder abgefressen. Vor Mitte Juni braucht man sich im Lungau gar nichts erhoffen!

15. Juni: Mitte Mai wurden die Kräuter gesetzt und um die Hügel herum habe ich Inkarnatklee und Phacelia gestreut, damit das Unkraut nicht zu schnell wieder alles zuwuchert.

½ Liter Maibeeren geerntet, den Rest essen die Kinder.

17. Juli: Die Phacelia und der Inkarnatklee schauen zwischen den Hügelbeeten sehr schön aus, es wurde der reinste Summplatz für alle möglichen Insekten. Allerdings kann ich nicht mehr durchgehen, weil es viel zu dicht gewachsen ist.

die Beerensträucher gesetzt. Da braucht sie dann nur mehr zum Mähen und Ernten hinkommen: Goji-Beere, Wein, rote und schwarze Ribisel, Zaubernuss, Sanddorn und Holler.

Warum sie das alles macht: zur Entspannung und weil sie sehr viel vom eigenen

Topfenaufstrich mit Kräutern

250 g Topfen, 3 EL Sauerrahm mit etwas Chili, Salz und Pfeffer verrühren und sämtliche Kräuter, die der Jahreszeit entsprechend zur Verfügung stehen, klein schneiden und daruntermischen: Schafgarbenblätter, Brennnesselblätter, Knoblauchsrauke, Winterheckenzwiebel, Ackerstiefmütterchen, Gundelrebe, Frauenmantel, Löwenzahn, Giersch …

Garten und vom Gärtnern hält. Man kann von den Zutaten aus dem Garten einfach schnell ein neues Gericht erfinden. Außerdem hat der Garten eine gute Wirkung auf die Gesundheit – es kann gar nie so weit kommen, dass man nur mehr auf die Medizin angewiesen ist.

Margarethe liebt die Aromen. Sogar im Winter geben die Pflanzen noch angenehme Düfte preis, wenn man daran reibt und riecht. „Vielleicht glauben manche, ich habe einen Vogel, aber das versteht nur jemand, der selber einen Garten hat", fügt Margarethe hinzu.

Wenn die Enkelkinder zu Besuch kommen, kennen die schon ganz genau die vielen Kräuter und wissen, welche sie essen dürfen. Da hat die ausgebildete Kräuterpädagogin bereits einen Grundstein gelegt.

Rosi und Franz Holzer
Tweng, 1 230 m Seehöhe

Ein Beitrag zur Eigenversorgung

Auf der Schattseite in Tweng kommt der Frühling erst Ende Mai oder Anfang Juni. „Und selbst dann ist man nicht sicher, ob nicht noch ein Reif alles versengt", erzählt Rosi Holzer.

Doch wenn sie selber keinen Salat anbauen würde, müsste sie alles im Supermarkt kaufen. Und extra wegen des Schnittlauchs nach Tamsweg zu fahren zahlt sich nicht aus. Zwar hat ihr Nachbar eine Selbstversorgungsmethode gefunden, indem er sich frisches Grün und Vitamine von den Wildpflanzen aus der Natur holt, aber die Familie Holzer bevorzugt, zumindest für den Eigenbedarf, chemiefreies Gemüse im Garten anzubauen.

Schnittlauch in voller Blüte

Liebstöckel am Gartenrand

„Jedes Mal, wenn wir einen frischen Salat essen, der aus unserem Herbst-Wintergarten stammt, haben wir wieder eine Sicherheit, dass wir auf dem richtigen Weg sind!"

Helen und Scott Nearing,
„Fortführung des guten Lebens", 1997

Gemüsesuppe

Mit 1 EL Butter und 2 EL Mehl eine Einbrenn machen und mit Wasser aufgießen. Kohlrabi, Karotten, Sellerie, Lauch und Petersilie (Gemüse nach Saison) putzen, fein schneiden und alles zusammen aufkochen. Mit Kümmel und Suppengewürz abschmecken.

Kohlrabi, Lauch, Rote Rüben, Salat und Schnittlauch haben sich immerhin schon auf dem humosen Twenger Boden bewährt. Die blauen Erdäpfel, die Franz jedes Jahr setzt, werden schon 50 Jahre lang am Laglerhof angebaut und zeigen keine Kartoffelkrankheiten wie die gefürchtete Krautfäule. Der Ertrag ist zwar nicht ergiebig, zum Ergänzen des Speisezettels reicht es jedoch auf jeden Fall.

Ribiselstauden und Kirschen wurden auch gepflanzt. Wermut, Oregano, Ysop, Zitronenmelisse, Ringelblumen, Sonnenhut, natürlich Petersilie und Schnittlauch wachsen ebenso im Hausgarten.

„Es ist nicht viel, was wir im Garten haben", meint Rosi, „doch ist es immerhin ein Beitrag zur Eigenversorgung!"

Brigitte Holzer
Mauterndorf, 1 100 m Seehöhe

Mit den Gegebenheiten leben lernen

Als Brigitte nach Mauterndorf heiratete, machte sie im März oft gerne einen Ausflug nach Unternberg zu ihrer Mutter. „Dort war schon Frühling und bei uns noch tiefster Winter", erinnert sie sich, „und die Kinder brauchten bei uns in Mauterndorf noch die Skianzüge, während man in Unternberg schon grüne Grasbüschel sah."

Die Nord-Süd-Lage des Tales von Mauterndorf bis Neusess ist wie ein Windkanal, der Tauernwind hat hier die besten Voraussetzungen zum Durchziehen. Wenn die Pflanzen gesetzt werden, fällt oft noch Schnee oder der Reif versengt die zarten Triebe. Deshalb ist es besser, mit dem Säen und Pflanzen bis nach den Eisheiligen zu warten.

Der Gemüsegarten von Brigitte liegt vor dem Stallgebäude. Das Wohnhaus ist von diesem aber 200 Meter entfernt. Da muss man schon eine wahre Begeisterung für den Garten entwickeln. Sonst ist es nicht so lustig, um den Schnittlauch fürs Mittagessen so weit zu laufen. Brigitte meint jedoch, dass sie sowieso in den Stall gehen müsse, um die Hühner und die Schweine zu füttern. Dann nimmt sie vom Garten das mit, was sie braucht.

Das Frühbeet liegt schön sonnig und sie kann viele Pflanzen selber vorziehen. Bohnen, Rote Rüben, Zucchini, Zwiebeln, Erbsen und Eichblattsalat gehören zu ihrem Repertoire.

Die Tomaten wachsen an der Stallwand und werden im Herbst, bevor wieder der erste Reif kommt, grün geerntet und in der Küche nachgereift. Für die Kartoffeln haben sie am Hof einen so optimalen Lagerkeller,

Der Garten im Schutz vor dem kalten Tauernwind

dass sie wunderbar halten, bis die neuen geerntet werden können. Kürbispflanzen kauft Maria und setzt sie auf den Misthaufen. Manche Züchter haben schöne Pflanzen, da braucht sie nicht alles selber säen. Karotten holt sie ebenfalls bei anderen Bauern in der Region, weil die bei ihr nicht so gut wachsen. „Man muss ja nicht alles selber machen", sagt sie nüchtern.

Gewürzkräuter wie Bohnenkraut, Majoran, Basilikum, Minze, Melisse und Schnittlauch hat Brigitte natürlich auch. Hauptsache ist, dass sie nicht alles kaufen muss. „Mich regt es oft auf, wenn ich darüber nachdenke, wo das ganze Zeug herkommt!"

Im Winter macht sie für sich selbst zum Frühstück Krautsuppe. Die wärmt wunderbar und gibt Energie, weil der Magen am Vormittag etwas Warmes braucht. Die Methode hat sie bei einem 5-Elemente-Ernährungskurs gelernt und es war ihr sofort verständlich, warum im Lungau das Frühstück ursprünglich als „Suppen essen" bezeichnet wurde.

Eingelegte Zucchini

Zwiebel, Paprika und Zucchini grob schneiden, in Schraubverschlussgläser füllen, Lorbeerblätter, Pfefferkörner und Wacholder dazugeben, Olivenöl und Essig darübergießen. Die Gläser verschließen und 15 Minuten im Wasserbad dünsten.

„Wie man das Trayd zu Mauterndorf geyt und wie armigklich etlich leben; wenn etlich essen kleiben, etlich häbren prot, etlich habent Gar nichts und neren sich, Ich ways nicht wie."

30. Mai 1466 – Schreiben des Mutarius (Mautner) an das Domkapitel zu Salzburg

Marianne Stoff
Steindorf, 1 140 m Seehöhe

Gemüse für das halbe Dorf

Marianne sitzt am Küchentisch und studiert den Umbauplan für das Bauernhaus. Die Küche ist schon ausgeräumt und bald kommen die Arbeiter für die Sanierung. Seit ihr Mann Erich verunglückt ist, meistert Marianne allein mit ihren Söhnen das Leben auf dem Hof.

„Kühe hab ich keine mehr und die Felder sind verpachtet, bis die Buben groß sind. Aber der Obst- und Gemüsegarten wird nicht aufgegeben!", sagt sie mit Überzeugung. Der Garten bringt so viel Ertrag, dass sie oft das halbe Dorf mit Früchten versorgen kann. Dabei hätte sie von ihrem Heimathaus in der Steiermark auch noch Unmengen an Obst. Den Garten kann sie dort aber nicht mehr bewirtschaften, dazu fehlt die Zeit. Nur die Zwetschken- und Apfelernte lässt sie sich nicht nehmen.

Dass in Steindorf zwei Weinstöcke an der Gartenmauer eine beachtliche Ernte an süßen Trauben bescheren können, haben vermutlich schon die Römer gewusst, als sie vor rund 2 000 Jahren ihre Spuren in der Nachbarschaft hinterließen. Vielleicht sind sogar in den Grundmauern des Hofes noch Findlinge des einstigen Mitras-Heiligtums?

Jedenfalls dürfte es ein guter Boden sein, weil Salat, Karfiol, Kraut, Zucchini, Brokkoli, Lauch, Fenchel, Radieschen, Rettich, Paradeiser, Zwiebeln, Knoblauch und Kartoffeln im Garten so gut wachsen. Marianne liebt die vielen Kürbissorten, die sie anbaut, sogar den Steirischen Ölkürbis konnte sie auf Lungauer Boden züchten. „Der hat ein ausgezeichnet gutes Fleisch für viele Kürbisgerichte", verrät sie denen, die meinen, sich verhört zu haben.

Und auch die Kräuter fühlen sich recht wohl, denn neben Schnittlauch und Petersilie gedeihen auch Oregano, Kerbel, Salbei und Basilikum ganz wunderbar. Kompost hat sie noch vom ehemaligen Stallmist, feinstens verrottet.

Federmohn am Gartenzaun

Nudelauflauf mit Gemüse

300 g Spiralnudeln
2 kleinere Zucchini
2 Karotten
¼ l Wasser
Salz und Gartenkräuter
100 g Käse
100 g Schinken oder Speck
125 ml Schlagobers

Karotten und Zucchini fein raspeln und mit den anderen Zutaten vermischen. In eine Auflaufform schichten und 20 Minuten bei 180 °C backen. Dazu serviert man Salat der Saison.

Natürlich dürfen Rosen, Dahlien und Phlox nicht fehlen, die den Garten erst in ein Urlaubsparadies verwandeln. Für die Balkonblumen hat Marianne eine Bewässerungsmethode mit verlegten Schläuchen erfunden, die ihr das ständige Gießen erspart. Deshalb wachsen die Blumen in den Trögen ganz von selbst und versetzen die Besucher in Staunen. „Die Freude, wenn man das eigene Gemüse erntet und über den Garten mit anderen zum Plaudern kommt, macht die Arbeit schon so wertvoll."

„Das Dorf Steindorf bei Mariapfarr(!) gleicht einem Obstgarten und auch in Tamsweg wird man durch hübsche Obstsorten überrascht!"
Heinrich Wallmann, „Lungau", 1863

Franziska Macheiner
Weißpriach, 1 100 m Seehöhe

Mein Fitnessstudio

„Ich stech im Garten um, herrichten und säen, jäten tut dann die Mutter!", erklärt Franzi gleich bei der Begrüßung. Manchmal gibt es dabei Meinungsverschiedenheiten, was die Gestaltung betrifft. Da hat Franzi zum Beispiel Brennnesseln wegen der Schmetterlinge zu den Fliederstauden gesetzt, was ihre Mutter allerdings ziemlich gestört hat.

Franzi liegt eben sehr viel daran, eine eigenwillige Gestaltung für den Garten durchzusetzen, weil sie beim Blick aus dem Küchenfenster gerne ihr Werk betrachtet.

Für die Kräuterspirale hat sie die Steine vom Hausabriss genommen, allerdings liegt die Spirale ziemlich im Schatten. Den Gemüsegarten hat sie nach schöner Bauerngarten-Manier eingeteilt, die Wege werden mit der Pendelhacke bearbeitet. So bleiben sie frei vom Unkraut. Auf den Beeten wird ständig im Wechsel angebaut, so kommen etwa die Erdäpfel alle vier Jahre wieder auf den gleichen Boden. Es wird darauf geachtet, dass die Pflanzen zusammenpassen. Bohnen, Karotten, Zwiebeln, Petersilie und Salat werden von Tagetesreihen, Ringelblumen oder Kapuzinerkresse umrandet.

Weil sie ja nur eine kleine Familie sind, werden von allen Pflanzen nur ein paar gesetzt, sonst wachsen sie aus und niemand

Etagenzwiebel

hat Freude an einer Salatüberschwemmung. Franzi hat eine besondere Vorliebe für Romanesco-Karfiol, aber auch Kohlrabi, Kraut, Blaukraut und Rote Rüben aus dem Garten ergänzen den Speiseplan. „Wir essen sehr gerne rohes Gemüse, besonders die Roten Rüben sind mit Kren so gut!", unterstreicht die Gärtnerin und schwärmt noch dazu für Topinambur, den sie mit Karotten und Butter kurz dünstet. Aber diese Menge an Knollen, die der Boden abwirft, kann sie gar nicht verbrauchen. Den Rest dürfen die Schweine verzehren.

Im Frühbeet gedeihen dann im Sommer die Zucchini, der Kürbis muss auf den Misthaufen. Das bestimmt noch Franzis Mutter, deren gärtnerische Erfahrungen mitwirken. Das Kraut wird auch erst ab dem 7. Juni gesetzt, weil dann die Krautwürmer ausbleiben und sich das Kraut trotzdem noch gut entwickelt. Gedüngt wird im Herbst mit dem Mist aus dem Frühbeet, dem ein wenig Kalk oder Hornspäne beigemischt werden. Die Ribiseln bekommen Pflanzenjauche, aber sonst muss in dem windigen Weißpriachtal die Natur selber schauen, wie sie mit den Gegebenheiten leben kann.

„Mir gefällt es, Salat zu machen, dann hole ich im Garten noch Frühlingszwiebel mit Gundelrebe oder Brennnesseln und Borretsch. Der darf auf keinen Fall fehlen!", meint Franzi.

Rote-Rüben-Rohkost

Rote Rüben raspeln, mit Kren, Salz, Zucker und Essig vermischen und roh genießen.

Josef Taferner
Mariapfarr, 1 325 m Seehöhe

Blumen vom Kraischaberg

Edelweißzucht

Auf dem Muhrerhof am Kraischaberg scheint die Zeit stillzustehen. Josef Taferner ist als DER Kerbschnitzer im Lungau bekannt. Mit seinen Schnitzereien kam er auf viele Handwerksmessen und Märkte. Kerbschnitzereien schmücken von der Eingangstür bis zur Zimmerdecke das ganze Haus.

Die besondere Vorliebe des Muhrerbauern für die Blumenzucht hat sich inzwischen ebenso herumgesprochen. Voller Stolz zeigt er auf seine vier Meter hohe, rot blühende Rose. Davon werden scheibtruhenweise Blüten geschnitten, die als Kirchenschmuck Verwendung finden. Er wäre wohl beleidigt, wenn die Kirchenschmückerinnen nicht seine Vorräte nutzen würden.

„Die Rosen machen vielen Menschen Freude!", sagt er, schneidet eine einzige Schönheit ab und überreicht sie mir.

Beim Muhrerbauern gibt es jedoch noch andere Blütenwunder, die er speziell für den Kirchenschmuck verwendet. So hat er vor vielen Jahren bei einem Bauern in Mauterndorf die weiß blühende *Campanula,* wie er die Marienkrone bezeichnet, entdeckt, die er dann als kleines Pflänzchen mitgenommen hat. Seitdem züchtet er die Pflanze und bringt sie jedes Jahr zum Blühen. Wenn sie in ihrer vollen Pracht steht, stellt er sie für ein paar Wochen in die Pfarrkirche, damit sich die Kirchgänger an ihrem Anblick erfreuen können.

Liebevoll lenkt er die Triebe in die gewünschte Richtung, bricht die ersten Sternchenblüten und gibt sie mir.

Seine züchterischen Erfolge hatte Josef Taferner auch mit der Apfelsorte „Kaiser Alexander", für die er einmal bei der Obstausstellung den ersten Preis erzielte.

Vor der Stallwand wächst eine Himbeere mit riesigen Früchten. Josef Taferner überreicht mir ein paar süße „Tauriska-Himbeeren", die mir bislang unbekannt waren. Auf der Steinmauer steht ein Topf mit Edelweiß.

Den hat er selber aus den Samen eines Bergedelweiß gezogen. Wieder pflückt er ein paar Blüten und schenkt sie mir. Das echte Edelweiß vom Kraischaberg und die drei Meter lange Blüte einer Aloe versetzen mich in Staunen.

Der Muhrerbauer braucht die Pflanzen, damit er in Bewegung bleibt, meint er. Und die Pflanzen brauchen ihn.

„Mit Gartenbäumen hat die Natur das hohe Thal nicht gesegnet; es zeitigte keine Traube; man sieht nicht einmal Pflaumen, Äpfel und Birnen. Nur Kirschbäume stehen hier und dort einzeln da; und die spanischen Weichseln gedeihen vortrefflich."

Franz Michael Vierthaler, „Meine Wanderungen durch Salzburg, Berchtesgaden und Österreich", 1816

Agnes Schitter
Mariapfarr, 1 170 m Seehöhe

Eigene Nachzucht

Auf dem Zehnerhof in Zankwarn bei Mariapfarr halte ich Ausschau nach dem Garten, der nicht leicht zu finden ist. „Ja, den siehst du nicht gleich!", lacht Agnes, die ihn seit 1983 betreut. „Das haben andere auch schon gemeint."

Aber für den Garten braucht man eben einen passenden Platz, und wenn der nicht beim Haus ist, dann findet man ihn zum Beispiel an einem windstillen, sonnigen Ort, hinter dem Stall und von der Stallmauer geschützt. Im Lungau müssen die klimatischen Bedingungen berücksichtigt werden.

Der Boden ist auch entscheidend. Früher wurde in Zankwarn Torf gestochen. Da gibt es auch heute noch schöne schwarze Erde, die mit ein wenig Sand vermischt wird. Zum Düngen verwendet Agnes Kompost, zu dem etwas Steinmehl oder Hornspäne gemischt werden, dann wachsen Kraut, Brokkoli, Kohlsprossen und Grünkohl am besten.

Agnes versteht es, die Gegebenheiten der Jahreszeiten optimal zu nützen. Auf die Mondzeichen achtet sie nicht mehr, aber das Gemüse wird trotzdem prächtig. Puffbohnen und Zwiebeln werden so früh wie mög-

Rote Zwiebeln

lich gesteckt. Auch die Erbsen werden sobald es geht gesät, dafür können das Kraut und die Karotten noch bis zum Juni warten.

Manche Gemüsesamen kommen aus der eigenen Nachzucht. Da ist sich Agnes dann sicher, dass daraus etwas wird.

Viele Obst- und Beerenfrüchte wachsen auf dem Hof. Alte Apfelbäume, Weichseln, Kirschen und Birnen stehen im Obstgarten. Manche Bäume mussten allerdings weggeschnitten werden, als die Gebäudemauern saniert wurden. Der reich verzierte Troadkasten (Getreidespeicher) wurde in altem Stil wieder erneuert. Wandmalereien mit Blumen schmücken das Gebäude.

„*Man trifft im Lungau weit mehr Obesbäume (Obstbäume), als man gewöhnlich angibt. Schmuckhafte Äpfel, Birnen, Kirschen und selbst Zwetschgen kann man häufig sehen.*"

Heinrich Wallmann, „Lungau", 1863

Grünkohlgemüse

500 g Grünkohl schneiden und in etwas Salzwasser dünsten, bis er halb weich geworden ist, mit 3 EL Rahm eindicken lassen, mit Salz und Pfeffer nachwürzen und mit Petersilie servieren.

Doris Rauter
Mariapfarr, 1 111 m Seehöhe

Alles, was das Herz begehrt

Der Hof der Rauters liegt in Miesdorf nahe Mariapfarr an einem Südhang. Gleich vor dem Hofeingang rückt der stattliche Troadkasten ins Blickfeld, der vor ein paar Jahren neu aufgestellt wurde. Davor schmücken Ginster, Alant, Arnika, Färberkamille, Sonnenhut sowie Phlox und Lavendel den Aufgang. Doris hat einmal eine japanische Blütenmischung ausgestreut, seitdem blühen verschiedene Blumen zwischen den Stauden.

Rosen und Phlox beim Troadkasten

Bei unserem Rundgang durch den Garten, welcher viel Ruhe ausstrahlt, plaudern wir über die schöne Hecke, die Doris als Sichtschutz mit verschiedenen Fliedersorten, Schneeball, Hollerstauden, Sanddorn, Mispel, Goldregen und Edelquitten gepflanzt hat. Dazwischen wächst eine alte Zwetschkensorte, die vom früheren Bauernhof in ihren Garten übersiedelt wurde. Sonst wäre sie der Säge zum Opfer gefallen.

Die Lage des Hofes ist klimatisch sehr günstig und ich staune über die vielen Obstsorten, die in dieser Höhe wachsen. An der Stallwand gedeihen prächtige Pfirsiche und daneben rankt eine frühe Traubensorte am Spalier, die mit ihren süßen Früchten die Kinder begeistert. Aber auch Marillen, Dirndln, schwarze, rote und weiße Ribiseln, Brombeeren, Honigbeeren, Stachelbeeren und die Goji-Beeren bringen Abwechslung auf den Küchentisch.

Der echte Hallertau-Hopfen wächst gezähmt an der Stallwand bis unters Dach. Mit dem Hopfenanbau kennt sich Doris' Mann aus, weil er eine Zeit lang bei der Ernte in Bayern mitgearbeitet hat.

Doris begeistert sich neben dem Gemüsegarten auch noch für die Blumenrabatten mit den vielen Kräutern, die herrlich duften. Die Rosenhecke vor der Stallwand wird mit dem hellen Grau des Lavendels aufgelockert. Die Inspirationen für Doris' Aquarellbilder entspringen auch dem Garten.

Sie verrät mir noch ihr Rezept, warum die Rosen nicht vom Rost (Sternrußtau) heimgesucht werden: „Ich stecke im Frühjahr die ausgewachsenen Knoblauchzehen zwischen die Rosenstauden, da bekommen sie keine Krankheiten und duften viel stärker!"

Maria und Josef Prodinger
Mariapfarr, 1 120 m Seehöhe

Symbiose

Kartoffellagerkeller in den Ruinen der Burg Pichl

„Disteln, Brennnesseln und Vogelmiere", erwidert Josef Prodinger spontan auf meine Frage, was in seinem Garten wächst.

„Ja, das ist alles Wildgemüse, kann wunderbar zum Kochen verwendet werden", antworte ich. Maria weiß, dass ihr Mann nur eine scherzhafte Anspielung auf ihren Garten machen will.

Im Garten wächst trotzdem sehr viel Gemüse für den Eigenbedarf wie Brokkoli, verschiedene Krautsorten, Spitzkraut, Früh- und Spätkrautsorten, aber auch Salat, Schnittlauch und dazwischen überall Kräuter für die tägliche Küche.

Das „Hauptgemüse", die Roten Rüben, Karotten, Kraut und Sonnenblumen, ist draußen auf dem Krautland neben dem Kartoffelacker. Die Unkrautregulierung funktioniert dort besser, weil Josef mit dem Traktor darüberstriegeln und mit dem Pflug durchziehen kann.

Der Kartoffelanbau ist sowieso eine seiner Leidenschaften und er ist stolz, dass er mit den Biomethoden im Kartoffelanbau so gute Ernteergebnisse erzielen konnte.

Seit Generationen lebten und arbeiteten viele Knechte und Mägde auf dem Suppanhof. Für die Eigenversorgung mussten deshalb viel Getreide, Obst, Eachtling und Gemüse angebaut werden.

Die alten Apfelbäume liefern jährlich 400 Liter Apfelsaft, aber auch Birnen und Zwetschken sind reichlich vorhanden.

Der Hof bietet zudem viele Sehenswürdigkeiten: die alte Burgruine mit dem Kartoffellagerkeller, die Kapelle, den Teich mit Kröten und Fröschen, die heimische Naturstaudenhecke und die großen Rosenquarze, die vom Waldrand heruntergeholt wurden.

„Am Waldrand entlang zieht sich eine Linie mit Rosenquarz,

Gartennotizen:

13. Mai: Ich sitze in der Küche und schau aus dem Fenster. Kaum zu glauben, es hat heute schon 30 cm geschneit. Alles ist unter dem Schnee begraben. Die Obstbäume hätten schon so schön geblüht.

14. Juni: Ich habe Versuche mit dem EM (Effektive Mikroorganismen) gemacht. Die Blumen danken es mir schon und der Kompost ist schon recht schön verrottet.

20. Juli: Die Apfelminze überwuchert alles, hätte sie an den Gartenrand setzen sollen.

26. August: Im Kräutergarten war schon Anfang August der Zenit überschritten. Alles ausgetrocknet, kaum Regen, die Bewässerung hat nicht mehr ausgegeben.
Beim Gemüse sind heuer die Roten Rüben gigantisch, Zwiebeln auch gut, Karfiol dürftig, Pastinaken, Sellerie und Karotten mickrig.

Erntemengen (Lungau, 1894):
Weizen: 1 660 Hektoliter, 1 080 Meterzentner
Roggen: 7 190 Hektoliter, 4 130 Meterzentner
Gerste: 15 370 Hektoliter, 7 180 Meterzentner
Hafer: 12 460 Hektoliter, 4 990 Meterzentner
Hülsenfrüchte: 1 760 Hektoliter
Hanf: 3 Meterzentner
Kartoffeln: 2 520 Meterzentner
(Anm. 1 Hektoliter = 100 Liter, 1 Meterzentner = 100 kg)

Ferdinand Krauss, „Der Lungau", 1894

Kräutermost

Kräutertee kochen und mit Apfelmost vermischen – kann kalt oder warm getrunken werden.

da kommt eine Menge roter Steine zum Vorschein!", berichtet Josef. Vor dem Haus plätschert frisches Wasser in den Brunntrog. Maria holt das Trinkwasser immer vom Brunnen, weil es viel frischer schmeckt.

Riesige Pelargonienstöcke, die schon eher Bäumchen gleichen, stehen wie Wächter neben dem Hauseingang.

Die Beschäftigung mit den Pflanzen braucht Maria zum Ausgleich. Die Bauern leben in Symbiose mit der Natur. Bei ihrer täglichen Arbeit kennen sie die Anzeichen der Witterung, die Beschaffenheit des Bodens und richten sich intuitiv danach.

Elisabeth Klingler
Mariapfarr, 1 100 m Seehöhe

Ein Haus ist nichts ohne Garten

Eigentlich ist der Zeitpunkt ungünstig, als ich Elisabeth besuche. Vor dem Haus begrüßen mich schon die Arbeiter, die mit dem Umbau beschäftigt sind.

Trotzdem bittet sie mich in die Küche und widmet mir zwischen dem Richten der Jause und dem Kochen für die Arbeiter ihre Zeit.

„Der Garten", sagt Elisabeth, „ändert sich ständig. Immer kommt ein neues Beet dazu und er wird jährlich wieder umgestaltet. Und das schon seit 1953, denn seit ich zur Welt kam, bin ich mit dem Garten beschäftigt!", meint sie scherzend.

Sie kann es kaum erwarten, wieder in der Erde herumzugraben, Salat, Rote Rüben, Kraut und Tomaten zu pflanzen oder Karotten und Radieschen zu säen.

Mit den Küchenkräutern, darunter Bohnenkraut, Dost, Thymian, Ysop, Liebstöckel, Koriander, Kerbel, Majoran und Rosmarin, werden die Beeteinfassungen aus den großen Bachsteinen gestaltet. Steinmäuerchen und Steinwege führen einladend durch das Gelände, wo sich immer wieder neue Gartengestaltungen ergeben. Kapuzinerkresse und Gundelrebe wachsen fröhlich aus den Mauerritzen.

Die Blumenbeete bestehen aus dankbaren Bodendeckern, die von selber wiederkommen und sich jährlich aussäen. Die

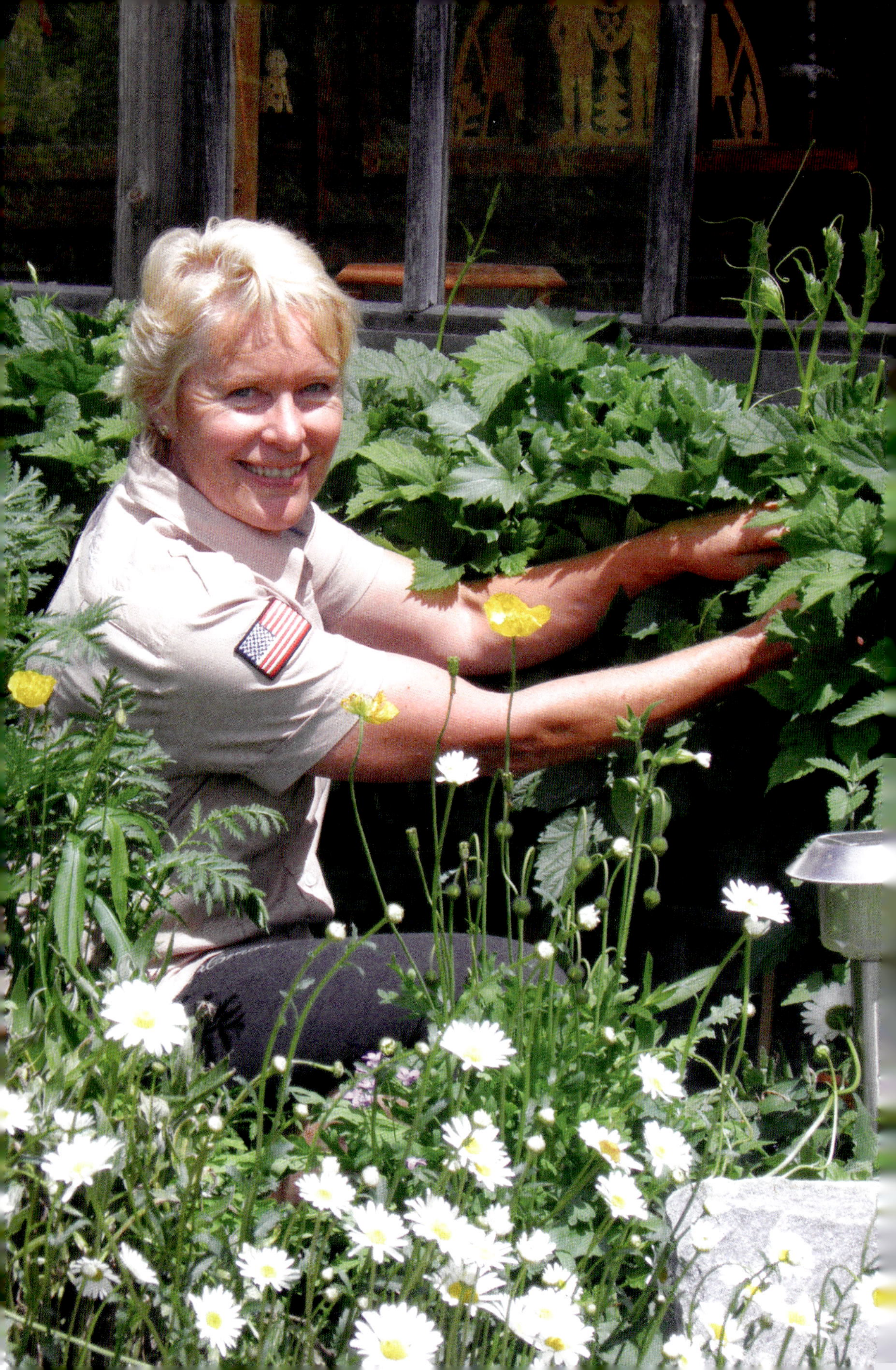

Blütengemeinschaft

Ringelblumen und Sonnenblumen sind sehr unkompliziert und sorgen für ein schönes Arrangement. Alyssum und Tagetes duften so herrlich, dass sie auf keinen Fall fehlen dürfen. Dabei ahnt der Betrachter den Spürsinn der Gärtnerin, die mit wachsamen Augen die Gestaltung beeinflusst. Die Optik ist entscheidend und im Sommer erfreut sich Elisabeth an der Betrachtung des Gartens. Den schönsten Ausblick in ihr grünes Reich hat sie vom Balkon vor der Wohnung. Im Innenhof steht eine Linde. Ihr Blätterdach reicht bis zu den Balkonsprossen. Man sitzt fast in der Baumkrone, wenn man sich auf dem Balkon ausruht.

Der Blick schweift zum Tipi, das zu Elisabeths Geburtstag errichtet wurde. Dahinter liegt der Teich mit Schilf und Sumpfdotterblumen, die sich nach dem Ableben der Laufenten wieder erholt haben. Dafür genießen jetzt ihre zwei Hunde den Garten und die Katzen das schöne Plätzchen im Gartenhaus.

Elisabeth trocknet Kräuter und verwendet sie für ihre Spezialrezepte.

Rosmarinöl

1 Zweig Rosmarin in 1 l kalt gepresstes Olivenöl einlegen. Vor Verwendung 3 Wochen ziehen lassen.

Wermutwein oder Petersilienwein

1 l Weißwein mit 1 Zweig Wermut (oder Petersilie) aufkochen, dann abseihen und kalt stellen.

Elfriede und Armin Santner
Mariapfarr, 1 110 m Seehöhe

Mit dem ÖGP durch Mariapfarr

Einer der wenigen Gartenbetreiber, der sicher weiß, dass sein Gemüsegarten genau 78 Quadratmeter groß ist, heißt Armin Santner. Bevor die Raika gebaut wurde, war der Garten noch viel größer.

Schon mehrere Generationen der Familie Santner bewirtschafteten seit 1839 den Gasthof Örglwirt in Mariapfarr und Armin Santner hat den Betrieb mit der Gastwirtschaft 1980 übernommen.

Früher waren Frauen für den Garten angestellt, auch seine Mutter hat viel im Garten gearbeitet.

Armin hatte jedoch seine eigenen Vorstellungen von der Bearbeitung und so erledigt er die Verrichtungen am liebsten alleine mit seiner Frau Elfriede.

Die frische Ware, die direkt aus dem Garten mit dem Örglwirt-Garten-Porsche (ÖGP) durch den Ort zum Gasthaus transportiert wird, weckt bei den Leuten das Interesse für die Speisekarte. Und da locken dann alle möglichen Blattsalate, angefangen vom Häuptelsalat, dem Grazer Krauthäuptel, Lollo Rosso, Eichblatt, Chinakohl bis zum Vogerlsalat in die Gaststube. Im Sommer wird kein einziger Salat vom Händler gekauft. Aber auch alle verschiedenen Krautsorten, Karfiol und Zucchini, Brokkoli und Zwiebeln werden für die Küche angebaut.

Letztes Jahr wurden 34 Kürbisse vom gelben Zentner, der für den Lungauer Anbau bestens geeignet ist, geerntet.

Von den Himbeerstauden wurden 120 Liter gepflückt und die Weinstaude hatte 32 große Trauben. Einige Obstbäume könnten noch zum Teil aus der Pionierzeit, vom Südtiroler Lehrer Noggler stammen. Der hatte um 1900 nicht nur Bäume gepflanzt, sondern in der Schule auch den Samen der Freude und Hoffnung gelegt. Im Örglwirtsgarten wachsen 43 Obstbäume, darunter die Williams-Christ-Birne, Marillen, Pflaumen, Kriecherl und Ringlotten, schwarze Ribisel und Jostabeeren. Die Himbeeren hat Armin mit wilden Waldhimbeeren gekreuzt und manche hat er von der Pfarrer-Rosl bekommen. Die Gewürzkräuter zum Verfeinern der Speisen werden natürlich auch vom Garten geholt und für den Tischschmuck pflanzt Elfriede Löwenmäulchen, Astern, Echinacea und Sonnenblumen.

Ins Pflanzbeet für die Jungpflanzenaufzucht kommt alle zwei Jahre frischer Rossmist, und gedüngt wird mit Kompost und Steinmehl. Das ist das einfachste Rezept für eine gute Ernte.

Dabei verrichten die Santners die Gartenarbeit mit Überzeugung und der Garten wurde auch noch nicht an die nächste Generation übergeben, weil sie selbst so gerne garteln. Die frische Ware wirkt bestechend und ist ohne Pestizide gewachsen.

Kürbiscremesuppe

Einen mittelgroßen Kürbis schälen, würfelig schneiden, in Wasser dünsten, dann mit Salz, Pfeffer und Knoblauch würzen. Eine Einbrenn aus 1 EL Butter und 2 EL Mehl bereiten, mit Milch oder Wasser aufgießen, mit dem gedünsteten Kürbis pürieren und mit 2 EL Sauerrahm verfeinern. Vor dem Servieren noch mit Kernöl, gerösteten Kürbiskernen und Schnittlauch garnieren.

Ilse Vanek
Mariapfarr, 1 063 m Seehöhe

Fitness zu Hause

Ilse Vanek ist gebürtige Wienerin. Als sie vor fast 30 Jahren zum Skiurlaub in den Lungau kam, beschloss sie zu bleiben. Die Landschaft kam ihr so vertraut vor, als ob sie hier schon immer zu Hause gewesen wäre.

Sie verlegte ihren Arbeitsplatz hierher, und ein neuer Wohnort war ebenso schnell gefunden. Seitdem lebt sie in Mariapfarr in einem ehemaligen Bauernhaus. Eigentlich wollte sie immer schon gerne Bäuerin werden, nur war kein passender Bauer zu finden.

Ilse gräbt leidenschaftlich gern in der Erde. Weil sie nicht zu den Sportkanonen zählt, braucht sie einen anderen passenden Ausgleich zum Beruf und das ist dann im Frühjahr der „Krampen" (Pickel).

Tagelang buddelt sie rund ums Haus. Die Terrasse hat die zierliche Frau mit dem Krampen selber errichtet. Der Folientunnel ist ebenfalls selbstgebaut, mit Reißverschluss auf beiden Seiten.

Holzarbeiten machen ihr auch nichts aus und schon gar nicht das Mähen mit der Sense. Da kann es schon mal passieren, dass sie sich beim Sensenwetzen den Daumen spaltet, aber auch das ist nicht weiter tragisch, weil sie sich mit der Heilkunde auskennt.

Und weil in ihrem Garten die Nacktschnecken wohnen, hat sie ein Hochbeet mit Schneckensperre, damit sie nicht zum

Apfelminze, Herzgespann, Liebstöckel und Vogelmiere im Hochbeet

Gemüse gelangen. Es wäre schließlich außerordentlich schade um den selbst gezogenen Salat, um Porree, Fenchel, Brokkoli, Erbsen, Karotten und Spinat, wenn nichts davon für ihren Bedarf übrig bliebe. Alles in ihrem Garten ist Marke Reinsaat, ungebeizt und keine Hybridzüchtung.

Kartoffeln holt sie sich vom Bauern, weil sie keine gute Lagermöglichkeit hat, und Zucchini bekommt sie über den Gartenzaun gereicht. Wie gut, wenn man so nette Nachbarn hat.

Ungespritztes und ungedüngtes Gemüse wird natürlich bevorzugt.

Weil sie keine rohen Tomaten mag, hat sie im Folientunnel Paradeiser gesetzt, die als Tomatenmark oder Tomatenmarmelade verarbeitet vorzüglich schmecken.

„Was die Veränderung der Samen betrifft, so besitzen manche eine größere Dauerhaftigkeit, wie der des Korianders, der Beta, des Porrum, der Brunnenkresse, des Senfs, der Eruca, der Saturey und fast alle scharfen. Vergänglicher sind die der Melde, des Basilienkrauts, des Kürbisses, der Gurke. [...] Aber auch die besten taugen nach vier Jahren nicht mehr zum Säen, können jedoch noch in der Küche gebraucht werden!"

Gaius Plinius Secundus, „Naturalis Historia", 77 n. Chr.

Tomatenmarmelade

1 kg rote oder grüne Tomaten mit 3 EL Zucker kurz aufkochen, wer mag, kann auch Apfelpektin dazugeben. Heiß in Gläser füllen und mit Schraubverschluss verschließen.

Grete und Gunther Naynar
Göriach, 1 260 m Seehöhe

Ziegenkäse mit Meisterwurz

Die Gartenbearbeitung auf dem Hiasnhof ist vorwiegend Gretes Angelegenheit, wobei Gunther die „Infrastruktur" ermöglicht (ackern, Steine setzen). Den Garten rund um den „Troadkasten" bewirtschaftete schon Gretes Mutter. Im Zuge der Trockenlegung und Renovierung des Troadkastens wurde mit dem Aushubmaterial der Garten aufgehäuft und mit einer Mauer begrenzt. Leider war der Aushub aus lehmiger Erde und die Kompostzufuhr brachte nur wenig Erfolge.

„Das Gemüse wollte nicht mehr so recht wachsen", erzählt Grete. „Vielleicht waren auch die Obstbäume daran schuld. Sie bringen zwar reichlich Ernte, aber machen zu viel Schatten!"

Aus diesem Grund ließ Grete im Garten den Kräutern immer mehr Platz. Diese suchen sich sowieso selber den geeigneten Standort aus, hat sie beobachtet. Grete braucht viele Kräuter für den Ziegenkäse. Ein besonderer Favorit ist der Ziegenkäse mit Meisterwurzblättern, die ein wunderbares Aroma hervorbringen.

Am Feldrand wurde ein neuer Gemüsegarten errichtet. Dort wachsen Blaukraut, Brokkoli, Sprossenkohl, Früh- und Spätkraut, Kohl, aber auch Salat, Zwiebeln, Karotten, Sellerie und Porree können prächtig gedeihen.

Die Ernteerfolge schwanken von Jahr zu Jahr, aber der Garten ist in erster Linie ein Balsam für die Seele und in zweiter Linie wichtig für die Eigenversorgung!

„Gärtnern bringt viel Abwechslung in den Alltag", meint Grete: „Vor zwei Jahren habe ich Pflanzen gekauft und dann am Nachmittag die Hälfte davon im Garten eingesetzt. Das Wetter hat so gut gepasst und auch die Mondzeichen waren günstig. Nach der Stallarbeit wollte ich wieder weitersetzen, da war keine einzige

Gartennotizen:

20. Mai: Endlich der erste schöne Tag. Es hat heuer so lange gedauert, bis es endlich wärmer wurde. Erst heute begannen die Kirschen zu blühen.
Im Kräutergarten stehen Unmengen von Stiefmütterchen in Blüte, letztes Jahr haben einige noch zu Weihnachten geblüht.

13. Juli: 5 °C in der Früh, gerade noch am Reif vorbeigeschrammt. Das Gewächshaus ohne Dach, die Hagelschäden noch nicht gezählt. Ich werde am Gartenrand Weiden als Windbremse setzen und die Stürme damit abwehren.

16. August: Am 7. August war der nächste Hagelsturm. Gerade als die letzten Gäste von der Wohlfühlwoche nach Hause fuhren. Wenigstens haben sich die Teilnehmerinnen noch Blumenkränze geflochten, denn nach dem Sturm war nur mehr Kräutersalat im Garten.

Pfingstrosen und Rittersporn

Suppengewürz

1 kg Karotten, 1 kg Zwiebeln, 1 kg Sellerieknollen mit Selleriekraut, 3 Bund Petersiliengrün und 1 kg Petersilienwurzeln, ½ kg Porree und Liebstöckel (Mengen ungefähr zu gleichen Teilen) werden sauber gewaschen und geputzt, dann entweder ganz fein geschnitten oder durch den Fleischwolf gedreht. Das Ganze wird abgewogen, mit 30 Prozent Salz vermischt und in Schraubverschlussgläser gefüllt. Das Suppengewürz ist lange haltbar, man braucht es nicht einmal im Kühlschrank aufzubewahren und kann es für Soßen, Nudelgerichte, Suppe, Fleischgerichte oder für Salatmarinaden verwenden.

Pflanze mehr da, alle verschwunden. Eine Ziege ist über den Zaun gekommen und hat alles abgefressen!"

Manchmal muss man sich den höheren Mächten beugen.

„Der Küchengarten soll allezeit dem Hause zur Seite liegen, dass er nicht in das Gesicht falle. Ja, wegen der Dung muss er nahe bei den Ställen sein, worauf man bei der Anordnung der Gebäude und Anlegung des Gartens achtzugeben hat: Denn lieget der Garten weit von den Ställen, so machet die Zuführung der Dung viel Mühe; dergleichen Unkosten aber soll man, so viel möglich vermeiden!"

Philipp Miller, „Küchengarten", 18. Jahrhundert

Frieda Winkler
Göriach, 1 250 m Seehöhe

Kräuterwissen

Frieda bereitet mir einen stürmischen Empfang. Obwohl ich sie zum ersten Mal treffe, umarmt sie mich herzlich, so als ob wir uns schon seit Jahren kennen würden.

Den Garten bewirtschaftet sie schon ewig – eigentlich seit 41 Jahren. Jetzt brauchen sie zwar nicht mehr so viel Gemüse, aber Kohlrabi, Karfiol, Kohlsprossen und Salat hat sie immer noch im Garten. Und vor allem die Rona. Im Winter gibt es jede Woche einen Ronasalat. Zu diesem Zweck werden die gekochten Roten Rüben geraspelt und eingefroren. Beim Auftauen werden sie gleich gewürzt und sind dann nicht so scharf, wie wenn sie im Glas haltbar gemacht werden.

Im Garten dürfen natürlich die Blumen nicht fehlen, denn die braucht sie zum Schmücken der Kirche. Frieda ist auch Mesnerin. Und Friedas Vorliebe gilt den Kräutern. Mit Thymian, Majoran, Zitronenmelisse und Käsepappeln würde sie nie das Auslangen finden. Deshalb müssen auch viele Kräuter aus der Wildsammlung verwendet werden.

Ihr Kräuterwissen, Schwund abbeten und Warzen wegzaubern, habe sie eigentlich von ihrer Mutter geerbt, erzählt sie. Die hatte in der Milchkammer auf einem Regal immer die Schachteln mit den Kräutern stehen und Frieda wurde im Frühjahr die Aufgabe zugeteilt, die Regale zu putzen.

Rudbeckien für den Kirchenschmuck

Krenschnaps

1 l Kirschenschnaps
1 EL geriebener Kren
1 EL Salz

Kren und Salz etwa 3 Wochen lang in dem Schnaps ansetzen. Dann abseihen und gut verschließen. Wird bei Muskelkater, Kreuz- und Gliederschmerzen zum Einreiben verwendet.

Für Wetterfühlige

Blühende Zitronenmelisse und Rosmarin in 1 Liter Schnaps ansetzen, zu gegebener Zeit die Stirn damit einreiben.

Die Sammelleidenschaft der Mutter kam ihr damals ziemlich sinnlos vor, aber heute ist Frieda genau wie sie. Dazu musste sie jedoch erst noch einen „Leidensweg" beschreiten, sonst wäre ihr die Naturheilkunde nicht „zugefallen". Und heute weiß sie so viele einfache Rezepte, die sie immer gerne weitergibt.

„Das Küchengewächs besteht aus Kraut und Rüben. Mit harter Mühe bringt man im Sommer die zarten Pflanzen davon, die sich lange nicht zur gehörigen Festigkeit und Vervollkommnung bequemen wollen!"

Joseph Benedikt Hueber, „Topographische Beschreibung der Landschaft Lungau im Fürstenthume Salzburg," 1786

Margit Graggaber und Hans Gautsch
St. Andrä, 1 100 m Seehöhe

Kräuter für die Blumenvase

Im Garten von Hans und Margit fällt sogleich das achteckige Gartenhaus ins Auge. Harmonisch fügt es sich in das Ensemble und lädt zum Verweilen ein. Bei der Einfahrt duften die alten Bauernrosen. Pfingstrosen und Mohn leuchten in kräftigen Farben.

Der Garten wird von Hans und Margit gemeinsam betreut. Für sie ist jäten und umstechen ein angenehmer Ausgleich zum Lehrberuf.

Es wachsen viele Kräuter, die machen wenig Arbeit und werden sehr gerne ihres Duftes wegen in die Blumenvasen gesteckt und ergeben so eine schöne Tischdekoration.

Eine kleine Gemüsepalette ergänzt die Pflanzenvielfalt im Garten. Pflücksalat, Porree, Kohlrabi, Salat, Kürbis und Bohnen wachsen hervorragend. Die sogenannten Strankala, wie die Stangenbohnen im Lungau genannt werden, sind zwar ein wenig empfindlich, wenn es kalt wird, doch sollten sie keineswegs fehlen. Und Margit ergänzt: „Der Vorteil eines Gartens liegt nicht nur in der eigenen Nutzung für den Mittagstisch, es finden auch so viele Bienen und Insekten hier Nahrung!"

Dillsoße (für Fleischgerichte)
Mit 1 EL Butter und 2 EL Mehl eine Einbrenn machen, dann mit Wasser aufgießen und mit 3 EL Rahm verfeinern, Dill fein hacken, dazugeben und das Ganze mit Salz und Pfeffer würzen.

Kräuterbowle
Eine Handvoll Kräuter und Wildkräuter (Giersch, Sellerieblätter, Gundelrebe, Liebstöckel) grob schneiden, mit 4 EL Zucker bestreuen und 5 Stunden stehen lassen. Mit 1 l Flüssigkeit (weißer Riesling, Sekt oder Mineralwasser) aufspritzen und genießen.

Elfriede Kocher
St. Andrä, 1 070 m Seehöhe

Ribiseln fürs Leben

Elfriede Kochers Gartenfreuden sind ansteckend! Nicht nur, dass sie jeden Besucher mit den Sämlingen, die sie übrig hat, beschenkt, sondern auch durch die Begeisterung, die sie ausstrahlt.

„Frische Waren, kurze Wege, Zeitersparnis und Qualität sind die Hauptfaktoren, warum man einen Garten haben soll, außerdem bleibt das Geld daheim!", formuliert sie die Begründung für ihre Lust am Gärtnern.

Die Zeit, die sie im Garten verbringt, ist ihr wichtiger als die Hausarbeit, die kann sie dann am Abend auch noch nachholen.

Bei den Kochers wird jeden Tag Salat gegessen, deshalb werden viele verschiedene Salatsorten angebaut: Forellenschluss, Frühsalat, Viktoria King, Zuckerhut, Endivien, dann Frühkraut, Lagerkraut, mittelspätes Kraut – da hatte sie voriges Jahr einen Krautkopf mit neun Kilogramm!

Zudem wachsen Brokkoli, Karfiol, Buschbohnen, Porree, Spinat, Zucchini, Pastinaken, Kohlrabi, Radieschen, schwarzer Rettich, Zwiebeln und Schalotten in Mischkultur.

Viele alte Sorten werden angebaut wie die alte Coco-de-Bohemia-Bohne, die mittlerweile schon wieder viele Lungauer in ihrem Garten haben. Für Ribiseln schwärmt Elfriede besonders: „Da gibt es eine Sorte, die heißt ‚Macherauchs Späte Riesentraube'.

Sauhohnen, Kraut, Buschbohnen, Spinat, Zwiebeln

Die gedeiht bei uns im Lungau besonders gut. Das ist eine späte rote Ribisel und schmeckt herrlich!"

Vom Rhabarber hat sie eine rote Sorte, die so starkwüchsig ist, dass sie den Stock immer wieder teilen und weiterverschenken muss. Ebenso den Liebstöckel, Mariensalbei und die Meisterwurz.

Auf der Terrasse hat sie einen Mörteltrog stehen, damit sie Zitronenthymian, Estragon, Rosmarin und Zitronenmelisse gleich in Küchennähe hat.

Für die Gäste, die Elfriede beherbergt, richtet sie Teekräuter zur Begrüßung her, dann wissen die gleich bei der Ankunft, was sie erwartet. Die Quelle der ständigen Freude, aus der Elfriede schöpft, kann sie mit vielen Menschen teilen.

„Auf einem Bauernmarkt im Pongau verkaufte ich voller Freude und Stolz einen Korb voll Krautköpfen. Saftig, fest, prall. Wenn man hineinschnitt, krachte es und man dachte automatisch an frischen Krautsalat.

Neuseeländer Spinat und Mangold im Frühbeet

Eachtlingauflauf mit Gemüse

1 kg gekochte Kartoffeln, in Scheiben geschnitten
gebratene Speckwürfel
Salz
2 Eier
125 ml Milch
1 EL geriebener Käse
knackig gedünstetes Gemüse: Karotten, Erbsen, grüne Bohnen, Kraut, Kohlrabi
3 EL Suppengewürz

In eine befettete Auflaufform schichtet man blättrig geschnittene Kartoffeln, bestreut sie mit Salz und gerösteten Speckwürfeln, dann folgt eine Lage Gemüse und so fort. Man schließt mit einer Lage Kartoffeln ab.

Eier, Milch, Reibkäse und Suppenwürze verquirlen, gut gewürzt über die Kartoffeln gießen und 35–40 Min. im Rohr backen, mit Salat servieren.
(Elfriedes Eachtling-Rezeptsammlung)

Eine Frau betrat den kleinen Laden und verlangte einen großen Kopf. Als ich den Preis nannte, meinte sie: ‚Das ist aber teuer!' Daraufhin erklärte ich freundlich, wie lange ich diese Pflanze pflegte, bis daraus dieser schöne Kopf wurde. Sie entschuldigte sich verlegen und bezahlte schweigend", schreibt Elfriede Kocher im Salzburger Bauernkalender 2004.[11]

Maria und Willi Sagmeister
Lessach, 1 208 m Seehöhe

Gut genützt

Der Garten von Willi und Maria liegt in der prallen Sonne. Für Bäume, die Schatten spenden würden, ist auf dem Grundstück eigentlich kein Platz, der Garten hat schließlich nur knappe 30 Quadratmeter. Hinter dem Haus wurden dennoch ein Apfel- und ein Weichselbäumchen gepflanzt.

Auch Stachelbeeren, schwarze und rote Ribiseln und Erdbeeren wurden beim Gartenzaun untergebracht. Im Garten ist jedes Fleckchen sinnvoll ausgenützt. Da ist der Gemüsegarten mit linear eingeteilten Beeten, wo Zucchini, Gurken, Lauch, Kohlrabi, Karfiol, Karotten, Salat und Zwiebel kultiviert werden. Statt der Kartoffeln wird Maria heuer Wicken säen, mal schauen, was wird.

Dazwischen finden Küchenkräuter wie Petersilie, Schnittlauch, Winterheckenzwiebel, Goldmelisse, Apfelminze und Bohnenkraut ihr Auslangen.

Außerdem wachsen noch viele Blumen: Margeriten, Ringelblumen, Astern, Tulpen, Tagetes, Stiefmütterchen, Steinnelken, Mittagsröschen, Lilien, Gladiolen, Dahlien und

Goldregen in Lessach

Zucchinischnitten

4 Eier
370 g Zucker
50 g Haselnüsse
Vanillin
je 1 TL Zimt
1 TL Natron
1 Messerspitze geriebene Nelken
¼ l Öl
400 g geraspelte Zucchini
400 g Mehl
etwas Backpulver

Alle Zutaten mit dem Rührgerät mischen, auf das Backblech aufstreichen und dann etwa 50 Minuten bei 180 °C backen. Nach dem Auskühlen mit Marmelade und Schokoguss überziehen.

natürlich Rosen. Für die Pfingstrosen hat Maria eine besondere Vorliebe, ebenso für die Balkonblumen.

Ein kleiner Steingarten mit Wildpflanzen und Flechten gehört auch noch zum Hobby. Gedüngt wird mit Kompost und das schon seit 16 Jahren.

Auf einer so kleinen Fläche kann dennoch für eine fünfköpfige Familie zumindest eigenes Gemüse angebaut werden.

Gundi und Peter Santner
Tamsweg, 1 020 m Seehöhe

Arbeit muss Freude machen

Wenn man zu Peter Santner auf den Fötschlhof fährt, hat man schon fast ein schlechtes Gewissen und kommt sich vor wie ein Faulenzer, weil man ihn von der Arbeit abhält. Und dann ist man froh, dass schon so viele Leute Schlange stehen und er nicht extra vom Feld hereinlaufen muss. Aber selbst da erweckt er den Anschein, dass es ihm gar nichts ausmacht, wenn er wegen ein paar Salatpflanzen den langen Weg zurücklegen muss, weil ja auch im Glashaus wieder genug Arbeit wartet.

Vor 30 Jahren hat er begonnen, sich als Biobauer mit dem Gemüseanbau zu beschäftigen. Anfangs war es noch für den Eigenbedarf. Dann kamen immer mehr Leute, um Gemüse einzukaufen. Und die Erdbeeren, mit denen er das Interesse weckte, schmeckten einfach besser als die hochgezüchteten aus dem Supermarkt.

Im Herbst steht er beim Ernten der kräftigen Krautköpfe freudestrahlend auf dem Feld, zieht die langen Karotten aus dem humusreichen Boden und lädt Rote Rüben, Zwiebeln, Lauch und Sellerie auf den Traktoranhänger.

„Mit dem Salat bin ich als Erstes zu den Gasthäusern gefahren und kam mir vor wie ein Bettler, als ich fragte, ob sie welchen brauchen!", erinnert er sich an seine Anfangszeiten. „Aber dann haben sie gesehen, was das für eine Qualität war, dann brauchte ich nur mehr zu liefern!"

Vor zehn Jahren hat dann der Pflanzenverkauf am Hof begonnen. Denn: „Anfangs habe ich auch nur für uns selber mit den verschiedenen Sorten herumprobiert und mir noch einiges einfallen lassen, damit die Keimung besser funktioniert. So bin ich nicht mehr davon losgekommen und jetzt besuchen mich sogar Leute aus Kärnten und aus der Steiermark, weil sie gehört haben, dass es bei uns so schöne Pflanzen gibt!", schwärmt er.

„Arbeit haben wir schon viel", bestätigt seine Frau Gundi, die wie ein Ruhepol hinter ihrem Mann steht.

Aber Sorgen macht sie sich, wie es weitergehen soll. Im Herbst 2010 wurde Peter an den Bandscheiben operiert. Er ist ja nicht mehr der Jüngste, mit dem Alter sind andere längst schon in der Pension. Auf die Frage, wo denn die größten Schwierigkeiten lägen, meint Peter: „Nein, Schwierigkeiten gibt es eigentlich keine, denn wenn man die Arbeit gerne hat, ist es ganz egal, ob man Lehrer, Musiker oder Bauer ist. Die Arbeit muss einfach Freude machen!"

Zum Glück interessiert sich einer der Söhne für den Fortbestand der Landwirtschaft und kann sich auch für die Gartenarbeit begeistern. Hoffen wir's, denn das herrliche Gemüse würde uns fehlen!

Eingemachte Rona

1 kg Rote Rüben kochen, schälen und blättrig schneiden. Mit 1 EL Zucker, Salz, ½ l Apfelessig und Kümmel in Schraubgläser füllen, fest verschließen. Die Gläser ins Backrohr stellen und 20 Minuten bei 180 °C sterilisieren.

„Man trifft daher im Lungau nur an der Sonnenseite der Talsohle und ausnahmsweise im Herzen Lungaus etwas über der Talsohle erhaben, bebaute Äcker!"

Heinrich Wallmann, „Lungau", 1863

Annemarie Indinger
Tamsweg, 1 020 m Seehöhe

Brennnesselsamen aufs Butterbrot

„Ich habe immer alles probiert, was interessant ist", erzählt Annemarie gleich zu Beginn. „Ich glaube, ich hatte den ersten Brokkoli im ganzen Lungau." Damit sei sie dann zum Gärtner gegangen und habe ihn dem staunenden Mann gezeigt, der anfangs gemeint hatte, dass im Lungau „das Zeug sowieso nicht wachsen kann".

Das Hochbeet ist vielleicht auch eines der ersten im Lungau gewesen. Reinhard Simbürger, Erich Gonschorowski und ihr Sohn Rupert haben es aus Fichtenbrettern gebaut. Und damit es nicht gleich zusammenfault, haben sie im Wald Pech gesammelt, das Pech gekocht und damit das Hochbeet ausgestrichen. Jetzt, nach 30 Jahren, sind die Pfosten faulig, aber die Fichtenbretter hätten noch immer gehalten.

Annemaries Vater war lange Zeit Obmann des Obst- und Gartenbauvereines. Er hat sich oft mit Annemaries Garten geschämt, weil sie zwischen den Gemüsepflanzen Gründüngung aus Phacelia und Senf gesät hat. Das hat dann natürlich nicht so fein und ordentlich ausgeschaut. Aber dafür waren Karfiol, Porree, Sellerie, Rote Rüben, Erbsen, Salat, Zucchini und Karotten umso prächtiger. Sogar Zuckermais hat sie gesät und jeden

Königskerzen vor der Blüte

Tag musste sie die Folie, die zum Schutz darübergespannt war, hinaufrollen. Selbst die Feuerbohnen wuchsen wunderbar.

Zudem hatte sie viele Beerenstauden gesetzt, angefangen von den Gischgalatzn, den Patschen, den veredelten Vogelbeeren, Haselnüssen, dem Sanddorn, den Stachelbeeren, Himbeeren, Ribiseln und dem Holler. Der wächst mittlerweile überall im Garten und die Erdbeeren haben sich auch verselbstständigt. Dazwischen stehen Brennnesselnester, weil sie sehr wertvoll sind, zumal sie als Jauche gute Dienste leisten (für Obstbäume, die kränkeln), und die Brennnesselsamen werden aufs Butterbrot gestreut.

Borretsch, Ringelblumen und auch die Phacelia haben schon manche Zaungäste in Staunen versetzt, weil sie so schön blühen.

Der gute Kompost mit Hornspänen und Steinmehl ist natürlich der Geheimtipp für das prächtige Gedeihen. Nur jetzt schafft es Annemarie nicht mehr, den Kompost drei- bis viermal jährlich umzusetzen. Ihre Kräfte schwinden von Jahr zu Jahr. Der Kompost-Tumbler, den sie vor Jahren gekauft hat, funktioniert erst heuer richtig, weil sie Brennnesseljauche dazugegeben hat.

Die Familie ist auch kleiner geworden, die Enkelkinder sind schon aus dem Haus. Jetzt wird nicht mehr so viel angebaut wie früher, als oft jede Menge Freunde zum Essen kam. Aber trotzdem ist Annemarie stolz auf die Schätze, die sie im Garten hat.

Brokkoliauflauf

500 g Brokkoli dünsten, in eine feuerfeste Auflaufform, die mit Butter ausgestrichen wurde, geben. 250 ml süßen Rahm mit 1 Ei verquirlen und mit Salz, Pfeffer und Kräutern würzen. 100 g geriebenen Käse daruntergeben, über den Brokkoli gießen, im Backrohr bei 180 °C etwa eine halbe Stunde backen, bis er schön braun ist. Man kann auch Speck oder Schinken unter die Masse mischen. Dazu gibt es frischen Salat.

Elisabeth Hager
Tamsweg, 1 020 m Seehöhe

Zeit der Veilchen

„Unser Vater lag im Sterben. Im Krankenhaus hatte man ihn in ein Einzelzimmer gelegt, sodass immer jemand bei ihm sein konnte. Seit 14 Tagen lag er dort ohne Bewusstsein. An einem Tag saßen mein Bruder und ich gemeinsam an seinem Bett.

„Was sollen wir tun?", fragte mein Bruder. Das bloße Dasitzen war ihm zu wenig. „Wir könnten singen", erwiderte ich. Der Vater hatte Musik immer gern gehabt. Die einfachen Volkslieder seiner Kindheit und Jugend hauptsächlich. Die konnte er auch mit Zither und Gitarre spielen und begleiten. Ich erinnerte mich, dass ich als Kind ein bestimmtes Lied immer gern mit ihm gesungen hatte: das Lied von den Veilchen.

Das schlug ich jetzt vor und wir sangen es den ganzen Tag immer wieder. Mein Vater starb am Ostermorgen, rechtzeitig zur Auferstehung.

Ein paar Wochen später entdeckte ich in unserem Garten unter der großen Weide – Veilchen.

Nie hatte ich Veilchen gesät oder gepflanzt und ich wusste auch keinen Nachbarsgarten, in dem sie wuchsen.

Mittlerweile haben sie sich rasant ausgebreitet, große blaue Teppiche gibt es im Frühling, bevor alle anderen Blumen zu blühen beginnen. Das ist die Zeit, in der ich besonders intensiv an meinen Vater denke und in Gedanken das Lied singe:

Ei, Veilchen, liebes Veilchen,
so sag doch einmal an:
Warum gehst du ein Weilchen
den Blumen all voran?

Weil ich bin gar so kleine,
drum komm ich vor dem Mai,
denn käm ich nicht alleine,
gingst du an mir vorbei!"

Rosi und Hans Hönegger
Tamsweg, 1 364 m Seehöhe

Winterkirschen

Beim Ofnerbauern sitzen wir an einem Nachmittag auf der Hausbank und genießen die warmen Sonnenstrahlen.

Hans hat als Bergbauer genug Erfahrung mit den Witterungsverhältnissen, doch seit einigen Jahren kann man sich nicht mehr auf das Wetter verlassen.

Seine Frau Rosi kommt aus Altenmarkt und der Schwiegervater wollte ihn immer für den Obstbau begeistern. Sein Motto war: „Wenn ich auch morgen sterben würde, würde ich heute noch ein Bäumchen setzen!" Zur Hochzeit hat er ihnen zehn Obstbäume geschenkt und dann haben die Höneggers noch einige dazuerworben. „In unserer aktiven Zeit hatten wir 43 verschiedene Sorten", erzählt Hans. Manches habe er sogar selber aufgepfälzt. Aber viele Bäume brauchen eine warme Hausmauer. So auch die Marille, die nicht reif wird, wenn das Jahr nicht passt. Und die Kläräpfel sind manchmal im September noch sauer. Apfelsorten wie Jakob Lebel, Wiltshire oder McIntosh haben es trotzdem geschafft und tragen jährlich Früchte.

„Dinge des täglichen Lebens selbst herstellen – von der Marmelade, über die Inneneinrichtung bis hin zum Haus – sowie in „Tauschringe des Selbermachens" eingebunden sein, erhöht die subjektive Lebensqualität wie den materiellen Wohlstand auch heute noch spürbar. Ebenso beeinflusst ein gesellschaftliches Engagement die Lebensqualität generell!"

Andrea Baier, Christa Müller und Karin Werner, „Wovon Menschen leben", 2007

Hinter dem Stall wachsen an einem schattigen Standort Sauerkirschen. Die werden erst Anfang Oktober reif, doch von diesem Baum ernten sie jährlich fast 15 kg.

Bei der Obstausstellung im Jahr 2008, die der Obst- und Gartenbauverein organisierte, staunten die Besucher über die „Winterkirschen" vom Ofnerbauern.

Der Gemüsegarten wurde in den letzten Jahren reduziert. Die Kinder sind schon aus dem Haus, Rosi geht wieder arbeiten und hat nicht mehr so viel Zeit.

Gartennotizen:

24. April: Jetzt hab ich einen neuen Garten erobert und wieder neue Beete dazugegraben. Eine Woche lang war ich beschäftigt. Die Grassoden wurden kompostiert und die Beete mit Stroh zugedeckt. Nächstes Jahr wird der neue Garten bepflanzt.

11. Mai: Pflanzentauschmarkt. Viele neue Pflänzchen eingetauscht. Dafür Minze, Ziest, Monarden, Lungenkraut und Immenblatt geteilt und weitergegeben.

30. August: Planung für nächstes Jahr: Hausbeet mit Salbei, Ysop, Thymian, Dost und Bohnenkraut bepflanzen! Teichbeet von Quecken befreien! Vor dem Gewächshaus umgestalten, Farn, Funkien und weiße Stauden pflanzen! Wermut und Rainfarn an den Gartenrand! Minze vor der Blüte abmähen!

Im Jahr 1978 war die „Ofner-Mutter" beim Gartenbauwettbewerb Landessiegerin in der Kategorie Bauerngärten – heute noch blühen vor dem Haus die Narzissen, die damals eingesetzt wurden, wenn auch die Wühlmäuse ihre Freude daran haben.

Der Aussaattagekalender von Maria Thun wird für alle Tätigkeiten berücksichtigt. „Einen Teil macht der Mond beim Säen oder Pflanzen und beim Bearbeiten aus und den anderen Teil macht das Saatgut aus, welches verwendet wird. Aber da ist ja auch entscheidend, wann das Saatgut gesät oder geerntet wurde!", erwähnt Hans. Weil er ständig beobachtet und auch schaut, wann andere Bauern ihre Kartoffeln setzen und wie dann das Wachstum vorangeht und wie die Ernte wird. „Ich habe mich einmal dafür zu interessieren begonnen, weil ich ja sonst nichts zu tun habe!", scherzt er und ich weiß, dass sein Alltag neben der Arbeit auch noch aus erforschen, beobachten und nachdenken besteht.

Auf die Frage, ob sie ein Rezept verraten, antworten beide: „Die Marmeladen werden am besten, wenn man Äpfel daruntermischt – und sehr zu empfehlen ist die veredelte Vogelbeere (Mährische Eberesche), mit Äpfeln eingekocht!"

Vogelbeermarmelade

Etwa 2 kg gereinigte, gewaschene Beeren der veredelten Vogelbeere und 1 kg geschälte und entkernte Äpfel mit 1 kg Zucker kurz aufkochen, mit dem Mixstab pürieren, dann heiß in Gläser füllen und fest verschließen. Die Marmelade passt sehr gut zu Wiener Schnitzel oder zu Wildbraten.

Maria und Hans Gappmayr
Haiden – Tamsweg, 1 220 m Seehöhe

Ausgleich

Der Kämpferhof liegt auf einem der schönsten Plätze im Lungau. Im Winter bin ich zwar froh, dass ich im Tal wohne, aber die Aussicht übers weite Lungauer Becken würde ich gerne eintauschen.

Seit 30 Jahren ist Maria Bäuerin auf dem Hof und braucht den Garten zum Ausgleich. Außerdem muss sie so kein Gemüse kaufen und das ist ihr viel wert.

Vor dem Haus hat sie vor ein paar Jahren einen Kräuterkrater mit vielen Steinen angelegt. Da wachsen die Kräuter besonders gut, selbst wenn sie im Halbschatten stehen. Der umzäunte Bauerngarten ist ihr eigentlich viel zu klein, meint Maria. Sie nutzt jedes Fleckchen aus und setzt Salat, Karfiol, Zucchini, Brokkoli, vom Kohlrabi eine alte Lungauer Sorte, die sie selbst weitergezüchtet hat, und viele Erdbeeren. Die bringt sie ihren Gästen gerne zum Nachtisch und freut sich über das herrliche Aroma. Sogar die Goji-Beere, die sich schon zu einem großen Strauch entwickelt hat, wächst in ihrem Bauerngarten und trägt jährlich reiche Ernte.

Kräuterkrater in voller Blüte

Im Obstgarten stehen stattliche Bäume. Bei jedem Kind wurde ein Bäumchen gepflanzt und weil das schon seit Generationen so gepflegt wurde, entstand ein schöner Obstgarten mit Schattenmorellen, Birnen, Marillen, Pfirsichen und Holler.

Der Kirschbaum trägt jährlich so viele Kirschen, dass die „Graschgln"(Eichelhäher) es nicht mehr erwarten können, über den Baum herzufallen. Deshalb hängt ihr Mann am Morgen, bevor er auf die Alm fährt, immer ein Radio in den Baum und lässt Musik auf Ö3 ertönen. Das dürfte wohl nicht dem Geschmack der Vögel entsprechen, deshalb lassen sie den Baum in Ruhe.

Maria bepflanzt die Blumenbeete ums Haus mit Zauber- und Hexenkräutern. Sie hat eben auch eine Vorliebe für Mystik. Vielleicht fühlt man sich deshalb so wohl auf diesem Hof?

Marinierte Zucchini

1 Zwiebel und 1 Zucchini mit Essig und Curry ca. 10 Minuten kochen, mit Senfkörnern, Paprika, Pfeffer, Zucker und Öl würzen, mit etwas Mehl binden und in Gläser füllen.

„Obst hat man außer Roth- und Schwarzkirschen gar keines. Daher ist der Fremdling, wenn er im Lungau bleiben muss, gar nicht damit zufrieden. Äpfel, Birnen, Pflaumen, Trauben etc. sieht man gar keines."

Joseph Benedikt Hueber, „Topographische Beschreibung der Landschaft Lungau im Fürstenthume Salzburg", 1786

Maria Gappmayr
Lasaberg – Tamsweg, 1 260 m Seehöhe

Später ernten

Die Bauern auf dem Lasaberg bei Tamsweg sind wahrlich zu bewundern, obwohl es sicher noch viele andere Bauernhöfe gibt, die am Steilhang und weitab von der Straße liegen. Beim Besuch am Mesnerhof bei Maria Gappmayr wird mir wieder bewusst, mit welchen Arbeitsbedingungen die Bergbauern zurechtkommen müssen.

Maria kommt gerade aus dem Stall, mit Kopftuch und Arbeitsjacke. Ihr Mann hat sich die Hand verletzt und liegt im Krankenhaus. Sie hat nicht viel Zeit, mir den Garten zu zeigen. Seit 20 Jahren bewirtschaftet sie ihn. Vorher war er der Arbeitsbereich der Schwiegermutter gewesen. Ein Teil des Gartens ist vor dem Haus, der andere oberhalb der Straße.

Sie zählt auf, was sie anbaut: Karotten, Zwiebeln, verschiedene Kraut- und Salatsorten, Kohlsprossen, Rote Rüben, Lauch, Gurken, Zucchini, Wurzelpetersilie, Kresse, Bohnen und Topinambur.

Dazwischen wachsen viele Gewürzkräuter: Oregano, Basilikum, Wermut, Herzgespann, Majoran, Schnittlauch, Liebstöckel, Minze und Melisse.

Im Bauerngarten setzen Blumen besondere Akzente: Stiefmütterchen, Bellis, Narzissen, Sonnenblumen und Tagetes, die fördern die Pflanzengesundheit.

„Mehr als jemals zuvor in der Geschichte der Erde und der Menschen sind der Schutz der Gartenpflanzen und der Umwelt miteinander verbunden. Jahrtausendelang betrachteten die sesshaft gewordenen Bauern und Gärtner die Natur als wilde Urkraft. Die Gewächse, die von Menschenhand auf Feldern und in kleinen Gärten gezogen wurden, mussten gegen die wuchernde Wildnis draußen geschützt und verteidigt werden!"

Maria Luise Kreuter,
„Pflanzenschutz im Biogarten", 2001

Waldrebe und Fette Henne

Obst gedeiht sehr gut am Lasaberg, davon wurden Birnen, Kirschen, Zwetschken, Marillen, weiße und rote Kraläpfel und andere spezielle Apfelsorten wie der Lederapfel gepflanzt.

Die Beeren dürfen ebenfalls nicht fehlen, weil Erdbeeren, Ribiseln und Jostabeeren wichtige Vitaminlieferanten sind und die Kinder sich damit im Garten selbst versorgen können. Maria hat zudem in ihrer Nähe den Wald, wo sie Schwarzbeeren, Himbeeren und Grantn (Preiselbeeren) pflücken kann.

Gedüngt wird mit Kompostmist, das hat sich schon seit Generationen bewährt.

„Im Frühling muss man recht viel Geduld haben, es dauert oft lange, bis da heroben etwas wird", erklärt Maria, „aber dafür ernten wir halt später!"

Maria jätet nicht ständig, denn die Unkräuter geben ein wenig Schatten, damit der Boden nicht austrocknet, und können dann wieder als Mulch verwendet werden.

Die Erdäpfel vom Lasaberg sind über die Landesgrenzen hinaus bekannt. Hier sind ja auch die Erdäpfel-Züchter zu Hause. Am Mesnerhof werden ebenfalls Erdäpfel angebaut und Marias Stammkunden, die manchmal sogar selber beim „Eachtlingklauben" mithelfen, kommen von weit her.

Gemüsepfanne

Etwas Butter in eine Pfanne geben, geschälte, rohe Erdäpfel blättrig schneiden, in der Pfanne rösten, Gemüse nach Saison vom Garten mitbraten, dann etwas Speck anrösten und Spiegeleier dazugeben, mit Salz und Kräutern aus dem Garten würzen, mit Salat servieren.

Marianne Perner
Tamsweg, 1 020 m Seehöhe

Mir ist nie langweilig

Marianne gehört zu den Tamsweger Originalen, die das Ortsbild prägen. Ihr Haus in der Schwimmschulgasse/Friedhofstraße ist allen bekannt, die täglich diese Strecke fahren müssen. Der spitz geformte Garten ist von zwei Straßen eingezwängt. Mit dem schön renovierten Häuschen erinnert er an einen alten Bauerngarten und verleitet in jeder Jahreszeit zu einem kurzen Blick.

Marianne hat ihn vor 20 Jahren übernommen und betreut ihn mit einer Leidenschaft, die ansteckend wirkt. Sie freut sich nicht nur über das kleine Fleckchen Erde, das sie bewirtschaften kann, sondern auch über die vielen Komplimente, die sie für ihre Blumenpracht erhält.

Am Gartenzaun wachsen bunte Dahlien, Betunarosen (Pfingstrosen), Herzerlstöcke, Primeln, Tulpen, Stiefmütterchen, Spireastauden, Astern, alles der Jahreszeit entsprechend aufeinander abgestimmt. Ihr Gemüse gedeiht im vorderen Teil des Gartens, wo sie Salate, Kraut, Petersilie, Schnittlauch, Liebstöckel, Rhabarber und alles, was sie für sich selbst braucht, kultiviert.

Unter dem Klarapfelbaum ist es schön schattig und der Kriecherlbaum liefert jährlich reichen Ertrag. Eine große Weigelienstaude erfreut mit ihrer reichen Blütenpracht.

Dahlien und Phlox

Früher lieferten ihr Bauern ein paar Scheibtruhen (Schubkarren) voll Kuhmist zum Düngen. Dafür half sie dann bei der Heuarbeit. Heute verwendet sie ihren eigenen Kompost, der taugt genauso viel. „Ein Geheimrezept für die schönen Blumen ist der Mond im Zwilling, dann blühen sie besonders prächtig", erklärt Marianne und verweist auf den Aussaattagekalender von Maria Thun.

Langweilig ist ihr nie, sie hat immer etwas zu tun. Für andere Leute gießt sie auf dem Friedhof 77 Gräber, sticht Gärten um, strickt massenweise Socken oder spielt bei schlechtem Wetter im Seniorenheim Karten.

„Das heurige Frühjahr ist viel zu trocken", erklärt sie. Da brauche sie so viel Wasser aus der Gemeindeleitung und müsse zudem dann noch den Kanal bezahlen, obwohl das Wasser gar nicht in die Kläranlage gelangt.

Sie hoffe halt, dass ihr der Himmelvater eine gute Gesundheit schenke, damit sie sich noch lange an ihrem Garten erfreuen kann. Falls der liebe Gott nicht so zuverlässig ist, könnte das Bier nachhelfen, das Marianne selber braut.

Selbst gemachtes Bier

20 g Malzkaffee und 5 l Wasser mit einer Handvoll Hopfenblüten abkochen, dann abseihen und bei etwa 35 °C 1 Packerl Hefe dazugeben. Mit ½ kg Zucker auf 10 l Wasser auffüllen (sollte ebenso 35 °C haben). Dann in eine 10-Liter-Flasche mit Gärspund abfüllen und so lange gären lassen, bis keine Blasen mehr entstehen. Dazu dunkel und kühl stellen.
Zuletzt in Flaschen mit Bügelverschluss abfüllen.

Anni Lintschinger und Leni Gfrerer
Tamsweg, 1 020 m Seehöhe

Vieles wächst, das gar nicht gesät wurde

Viele kennen Anni Lintschingers Garten, denn auf dem Weg zum Hallenbad in Tamsweg sind ihre wunderschönen Sonnenblumen nicht zu übersehen. Anderen ist die angebliche Unordnung schon aufgefallen. Denn die Ordnung hat Anni im Garten abgelegt. „Mein Garten ist eben nicht perfekt", erklärt sie selbstbewusst und ihre Tochter spottet: „Einmal hat sie Petersilie gesät und Eachtling sind gewachsen!"

Selbst nach einem Hagel ist meistens das Gemüse wieder gut gewachsen und eine schöne Ernte wurde eingebracht.

„Komischerweise waren wir bei jedem Hagelwetter bei den Hans-Wurst-Spielen in Moosham, und als wir nach Hause kamen, war es uns nicht mehr Wurst!", berichtet Annis Schwester Leni schalkhaft, die auch im Garten mitzureden hat. Leni wurde ein kleiner Teil im Garten für Kräuter zugewiesen, weil sie bei ihrem Haus keinen Platz zum Gärtnern hat. Da wuchsen alle Kräuter durcheinander, aber sie erntete ein paar Gläser voll Koriander.

Anni führt Aufzeichnungen über Erntemengen, Gartenerfolge oder -misserfolge. Manche Jahre waren recht regnerisch, da brauchte sie kein einziges Mal zu gießen.

„Die Niederschläge haben im Lungau eine folgenschwere Bedeutung. Die Luft wird zur Nachtzeit mehr abgekühlt als anderswo; davon kann sich jeder überzeugen, welcher im Hochsommer im Freien verweilen will ...
Daher wird im Lungau fast durch das ganze Jahr der Ofen geheizt!"

Dr. H. Wallmann, „Der Lungau," 1863

Kräuteröle
Getrocknete Kräuter in ein Glas mit Olivenöl füllen, gänzlich bedecken und bei Bedarf verwenden.

Kräuteressig
Frische Kräuter in eine Flasche mit mildem Essig füllen und gänzlich bedecken.

Früher war im Garten ein Leierbrunnen, doch seit die Mur ausgebaggert worden ist, kommt kein Wasser mehr. Das Wasser aus der Regentonne muss genügen.

Annis Ernte aus den „Petersiliensamen" war jedenfalls damals beträchtlich: 200 kg Kartoffeln! Diese wurden eingelagert. Kraut wird für Sauerkraut eingeschnitten und das Gemüse wird zu Suppengewürz, mit 30 Prozent Salz vermischt. Manchmal gröber, manchmal feiner. So wie das Pesto. Das wird auch manchmal gröber, manchmal feiner – je nach Zeit und Angebot:

Die Kräuter – „alles, was ich habe" – werden dazu gewaschen, geschnitten, mit gutem Bio-Olivenöl und hochwertigem Steinsalz vermischt und in Gläser gefüllt.

Flora Hötzer
Sauerfeld – Tamsweg, 1 120 m Seehöhe

Krautland, Krautfrenten, Harland und Haar

„Ich bin auf dem Fritzenhof in Traning bei Sauerfeld geboren. Bei uns haben der Garten und das Krautland (Krautacker) noch viel gegolten.

Im Frühjahr wurden die Pflanzbeete hergerichtet. In eines kam der Rossmist hinein, da wurde dann der Salat gesät, und in das andere Schafmist für die Runkeln (Futterrüben) und Duschen. Gemüse hat es zu unserer Zeit noch nicht gegeben, das ist erst später aufgekommen. Wir mussten als Kinder zu einer Frau auf die Haiden (Ortsteil bei Tamsweg) gehen, zum Duschen- und Krautsamenholen. Die Runkeln wurden gekauft.

Dann wurde der Garten vorbereitet, tief umgestochen, schön eingeheut und schließlich die Beete gemacht. Salat, Zwiebel, Knoblauch, auch Kohl wurden im Garten gepflanzt. Karfiol und Kohlrabi hatten wir anfangs noch keinen, die bekam meine Mutter erst später durch Bekannte. In der Mitte des Gartens wurden die Blumen gesät. Der Garten war der ganze Stolz meiner Mutter.

Wir hatten auch viele Kräuter, darunter den Harland (Liebstöckel) und Eibisch. Viele Hollerstauden und Ribiselstauden gehörten zum Garten. Eibischblätter und Ribiselblätter wurden für den Tee getrocknet. Fichtentriebe und Spitzwegerich wurden als Sirup mit Zucker eingekocht.

Das Krautland war am Feld draußen. Dort setzte man das Spätkraut zum Einschneiden sowie Runkeln und Duschen. Die wurden für die Suppe gekocht. Es gab oft Duschensuppe. Das Krautland wurde von Hand behauen und gejätet, es gab ja noch keine Maschinen.

Im Krieg hatte meine Mutter sogar Zuckerrüben. Die hat man dann so lange gesotten, bis ein Sirup daraus wurde. Den verwendeten wir zum Kuchenbacken.

Die Erdäpfel wurden von Hand gesät, wir hatten rote Erdäpfel und die mehlige

Kartoffelsorte Ackersegen. Der Vater hat alle paar Jahre neue Samen verwendet, damit ihm eine gute Ernte sicher war. Obst gab es nicht viel, nur den Klarapfel, den Winterapfel und Kirschen. Kirschen haben wir viele geerntet, damals waren nicht so viele Vögel. Birnen gab es noch keine bei uns.

Das Sauerkraut wurde im Herbst eingeschnitten. Es wurden immer zwei bis drei große Frenten (Fässer) voll. Zu Mittag gab es jeden Tag Sauerkraut, manchmal wurde Speck mitgekocht, man hat Brot dazu gegessen. Am Abend kamen dann Knödel zum Sauerkraut und als Zusatz hatten wir den Brein (Hirse). Der musste aber gekauft werden.

Zum Essen gab es auch viel Fleisch, es musste zur Haltbarmachung geselcht werden oder es wurde eingesurt und dann gekocht. In die Fleischfrente streute man zwischen das Fleisch ziemlich viel grob gehackte Zwiebeln und Knoblauch. Damit keine Fliegen in das Fleisch kamen, legte man obenauf eine dicke Schicht Brennnesseln.

Brot hat man selber gebacken. Den Roggen und den Weizen brachte der Vater in die Mühle zum Mahlen.

Dann wurde ja auch noch das Haar (Leinsamen) angebaut. Der Lein wurde ebenfalls von Hand gejätet. Wenn wir gepresstes Leinöl hatten, wurde eine Schüssel mit dem Öl auf den Tisch gestellt und wir tunkten Brot ein und haben es dann gegessen. So war das früher!

Seit 60 Jahren bin ich auf diesem Hof und ich habe nie etwas anderes gemacht als die Arbeiten in der Landwirtschaft, die Kinder und den Haushalt. Und die Gartenarbeit!"

„Auf jedem bäuerlichen Anwesen pflanzte man das Kraut in reichem Maße im sogenannten ‚Krautland' an, schnitt es nach der Ernte mit dem Krauthobel in feine Stücke und füllte es in die ‚Krautfrenten'."

Peter Wirnsperger,
„Das alte Lungauer Bauernhaus", 1994

Annemarie Noll
Sauerfeld – Tamsweg, 1 150 m Seehöhe

Dankbarkeit, das schönste Gefühl

„Ich erinnere mich an den Frühling des Jahres 1986, das Jahr der Atomkatastrophe von Tschernobyl. Damals gab es meinen Garten schon ansatzweise. Ein paar Büschel Schnittlauch sprossen aus der Erde und der Boden war umgebrochen. Erdäpfel sollten angebaut werden. Unser Haus, das neben dem Garten entstehen sollte, existierte erst in unseren Köpfen.

Sollten wir nun den Schnittlauch ernten oder nicht? Wir waren verunsichert, wie viele andere Menschen auch. Aber wenn ich mich richtig erinnere, konnten wir dem kräftigen Grün nicht widerstehen – schließlich war es die erste Ernte.

Das war der Beginn. Und dann wurde vergrößert und immer mehr für unsere 7-köpfige Familie angebaut: Salat, Kohlgemüse, Wurzelgemüse, Erbsen, Bohnen, Kräuter und Erdbeeren. Und im südöstlichen Garteneck eine Rhabarber-Kolonie.

Probiert haben wir (fast) alles: Zucchini, Gurken, Tomaten, Kürbisse und sonstige wärmeliebende, südländische Pflanzen, die mal besser, mal schlechter gediehen.

Und Blumen, Kräuter, auch Beikräuter natürlich! Apropos Blumen, da fällt mir eine Geschichte ein, die ich nicht unerwähnt lassen möchte: Es war in der Zeit um den Muttertag. Einer meiner Söhne, damals ein Stöpsel von 4–5 Jahren, kam mit einem strahlenden Lächeln und einem Büschel Erdbeerblüten auf mich zu: „Schau, Mama, für dich!" – Kann man da böse sein?! – Ich jedenfalls nicht!

Damals also war der Garten nützlich, wir ernährten uns teilweise davon. Und er diente zur Erholung: Abschalten von Beruf und Familie war im Garten am besten möglich.

Und Gestaltungsraum! Die Maiabende, an denen ich dann, das Werkzeug verräumend und den Gesang der Amseln im Ohr, die Gartenwege auf und ab ging, das zarte Grün der jungen Pflanzen in der von Feuchtigkeit glänzenden Erde immer und immer wieder mit den Augen aufnehmend, sind fest in meinem Kopf verankert und zählen zu den friedvollsten Erfahrungen meines Lebens.

Und schließlich – Pflanzen bleiben dort, wo man sie hinsetzt! Mit Kindern ist das etwas anderes – Gott sei Dank!

Aber ein Ausgleich war der Garten allemal, auch in der Beziehung.

Heute ist alles anders. Die Kinder sind aus dem Haus, ich lebe alleine mit meinem Garten und dementsprechend hat er sich verändert.

Kräuter der unterschiedlichsten Sorten gedeihen, bis zu 30 verschiedene Arten habe ich gezählt, mehr und mehr Blumen nehmen den Platz ein. Blumen rund um den Garten herum, vor allem Ringelblumen als Schneckenköder – funktioniert übrigens, natürlich auch noch Gemüse und Erdbeeren, Erdbeeren, Erdbeeren, von denen ich nicht genug bekommen kann. Das eine oder andere Experiment wird natürlich noch gewagt, Schwarzwurzeln und noch mehr Kräuter.

Und immer noch sind der Kontakt mit der Erde, das gestalterische Element und nicht zuletzt

Gartennotizen:

15. April: Im Gewächshaus konnte ich erst Ende März umstechen, vorher diente es den Hühnern als Unterkunft.
Schnee lag bis 10. April, kurz danach wieder Schnee, zwischendurch Gartenbeete hergerichtet, ständig bläst eiskalter Wind. Die Wühlmäuse haben alle Rosen abgefressen!
Keine Edelrosen mehr setzen, die *Rosa rugosa* wäre widerstandsfähiger!

20. Mai: Den Garten hab ich heuer halbwegs in Schwung, mähen wäre aber wieder angesagt!
Der neue Garten hat sich mit der Strohabdeckung sehr gut bewährt. Ich konnte im Frühjahr das restliche Stroh einarbeiten und dann Krauseminze, Johanniskraut, Malven, Mohn, Kornblumen und Ringelblumen setzen.

Bunte Gräser in der Abendsonne

„Der ganze Lungau soll zu einem blühenden Paradies werden!"

Johann Praxmarer, zitiert
nach „Land der Eistränen", 1893

Borretschaufstrich

Eine weitere Spezialität ist der Topfenaufstrich mit Borretsch-Blättern: Der Topfen wird mit Sauerrahm fein abgerührt und mit Kräutersalz gewürzt. Eine Handvoll Borretschblätter fein schneiden und mit dem Topfen verrühren – schmeckt herrlich mit Vollkornbrot.

der Gesang der Amseln die wichtigsten Motive für die Gartenarbeit.

Ein Rezept: genießen, sich Zeit nehmen, den Duft, die Farben, die Textur der Blätter, am frühen Morgen den Tau auf den blaugrünen Kohlblättern, den Tanz der Schmetterlinge, das Summen der Insekten einfach aufnehmen, die Vielfalt in der Natur wahrnehmen.

Dann kommt die Dankbarkeit, was gibt es Schöneres als dieses Gefühl!"

Maria und Franz Hörbinger
Sauerfeld – Tamsweg, 1 110 m Seehöhe

Klein und fein

„Den Garten habe ich immer schon", beginnt Maria das Gespräch. „Ja, eigentlich seit 25 Jahren, aber vorher hatte die Schwiegermutter auch schon den Garten beim Hof."

Wo früher die Gemüsebeete waren, steht jetzt allerdings ein Hochbeet, das ist viel bequemer zum Bearbeiten. Die ganze Gemüsepalette mit Salat, Roten Rüben, Kohlrabi, Karfiol, Brokkoli, Karotten, Lauch, Spinat, Rettich und Radieschen bringt Maria im Hochbeet unter.

Manche Samen vermehrt Maria selber. Den Kohlrabi trägt sie im Herbst in den Keller und setzt ihn im Frühjahr wieder in den Garten, dann blüht er aus. Die Samen werden geerntet und können wieder gesät werden. Das sind dann riesige Kohlrabis. Einer hat sogar den letzten Winter auf dem Hochbeet zugebracht.

Die Tomaten- und Paprikapflanzen sind im Frühbeet untergebracht. Dort kann sie die Pflanzen, wenn es gefährlich wird mit dem Frost, noch zudecken. Die Küchenkräuter sind um die Kräuterspirale gepflanzt: Salbei, Lavendel, Wermut, Oregano, Thymian, Rosmarin, Bohnenkraut, Zitronenmelisse, Zitronenthymian, Minze, Currykraut, Liebstöckel, Weinraute und Heiligenkraut. Außerdem ergänzen Stachelbeeren, Ribiseln und Erdbeeren das Sortiment.

Idylle am Gartenteich

Gewürzsalz

Wurzelgemüse, Sellerie, Karotten, Petersilienwurzel … sauber putzen, klein reiben, in Gläser lagenweise mit 1 EL Salz abfüllen, gut mit Schraubdeckeln verschließen und in den Keller stellen.

Kräutersalz

Kräuter trocknen und mit einem Mörser, der Küchenmaschine oder einer Kaffeemühle verreiben, 50 Prozent Salz dazumischen.

Den Garten schmückt ein kleiner Zierteich. Natürlich dürfen die Obstbäume nicht fehlen: Kirschen, Marillen, Birnen, Äpfel und eine Blutpflaume, die sie vor 15 Jahren bei Sepp Holzer am Krameterhof geholt hat, tragen reichlich Früchte. Sepp Holzer ist über den Lungau und über Österreich hinaus bekannt für seine „Holzer'sche Permakultur".

„Dass die Obstkultur im Lungau keine Fortschritte macht, liegt nicht so sehr in der rauen Beschaffenheit des Klimas als in den Vorurteilen und der Gleichgültigkeit der Lungauer selbst!"

Heinrich Wallmann, „Lungau", 1863

Rosalie und Eduard Hötzer
Sauerfeld – Tamsweg, 1 120 m Seehöhe

Steinreich

Aller Anfang ist schwer. Als ich Bäuerin wurde, hatte ich keine Praxiserfahrung in der Gartenarbeit. Mit vielen Rückschlägen lernte ich von Jahr zu Jahr, wie viel Energie für den Garten aufgewendet werden muss, damit ich halbwegs einen Ertrag erwirtschaftete. Die Zeit, als die Kinder noch klein waren und ich teils im schwangeren Zustand, gebückt oder ein Kind auf dem Arm, das Unkraut in Schach hielt, ist zum Glück vorbei.

Vorbei sind auch die vielen leidvollen Erfahrungen wie die Erbsenplage: Wir hatten so viele Erbsen, dass wir eine ganze Woche lang Erbsen geschält, in Gläser gefüllt und eingekocht haben.

Anfangs bauten wir das Gemüse noch für den Verkauf an. Zum Wochenende wurde es beim Ernten von Schnittlauch, Petersilie, Radieschen, Karotten und Salat ziemlich eilig. Manchmal bekamen die Hühner die Ernte, weil der Verkauf nicht so gut gelaufen war. Einmal hatte ich 30 wunderschöne Karfiolrosen für den Markt abgeschnitten. 28 Stück kamen wieder retour. Dann habe ich begonnen nachzudenken: Im Lungau ist zu der Zeit, wo ich schönes Gemüse für den Verkauf habe, in allen anderen Gärten auch das Gemüse reif. Also, wer soll da etwas kaufen?

Als alles abgeerntet war, begann ich an einem Novembermorgen umzugraben.

Zuerst noch zaghaft, dann wurde ich immer frecher. Nach zwei Wochen war der Garten eine Kraterlandschaft mit Hügelbeeten, Wegen und Gräben für vorgesehene Teiche. Bevor der Winter kam, deckte ich alles mit Stroh ab und konnte im darauffolgenden Frühjahr schon Kräuter pflanzen.

Der Garten wurde immer lebendiger. Ausdauernde Pflanzen gaben ihm eine schöne Struktur, ich brauchte nicht mehr viel zu jäten und zu pflanzen.

Viele Beerensträucher fanden sich ein, wie die Aronia (Apfelbeere), Goji-Beere, Maibeere *(Lonicera kamtschatica)*, Sanddorn, Schlehdorn, Weißdorn, Ribisel und Jostabeeren. Der Anbauversuch mit Heidelbeeren, für die ein Labyrinth angelegt wurde, ist leider kläglich gescheitert. Dafür wachsen jetzt im Labyrinth Himbeeren und sie werden von Jahr zu Jahr stärker. Dazwischen stehen überall Vogelbeerbäume.

Die Hühner wirkten auch mit und bearbeiteten die Hügelbeete, sodass sie allmählich flach wurden. Dann kam die Manie mit den Steinen. Zum Muttertag erhielt ich eine Traktorladung mit Feldsteinen. Damit wurden schließlich die Beete abgestützt und abgegrenzt. Die Steine haben den Vorteil, dass sie sehr gut Wärme und Feuchtigkeit speichern und ein fruchtbares Kleinklima schaffen. Allerdings bekommt das Unkraut dadurch auch die besten Wachstumsbedingungen.

Der grüne Daumen ist vom vielen Jäten schon schwarz geworden und mit der Gestaltung bin ich so weit zufrieden. Zurzeit sind keine Wünsche mehr offen. Oder doch? Im Frühjahr kommen dann wieder neue Ideen, warten wir's ab.

Kürbiskompott

Kürbis würfelig schneiden, mit verdünntem Apfelessig übergießen, über Nacht stehen lassen, abseihen, dann mit Wasser und Ingwerwurzel wie Apfelkompott aufkochen, bis der Kürbis glasig wird. Zucker, Zitronenschale, etwas Zimt und Nelken dazu, heiß in Gläser füllen und fest verschließen.

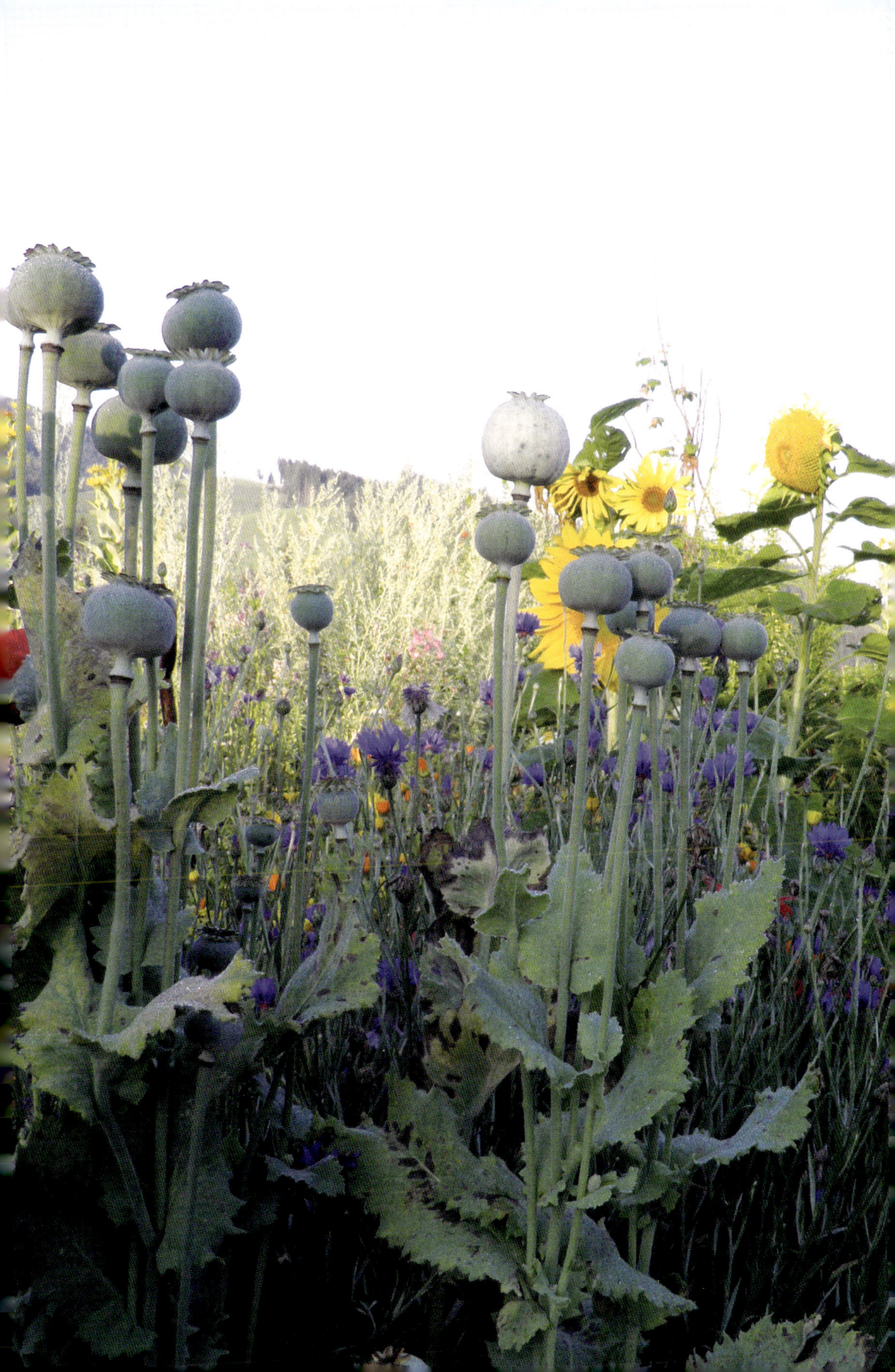

Elfriede Koch
Seetal, 1 200 m Seehöhe

Mit dem Garten gesund werden

Beim Besuch des Bauerngartens von Elfriede Koch in Seetal staune ich über die Vielfalt, welche auf kleiner Fläche möglich ist. Alles blüht, alles besticht durch eine schöne Anordnung, manche Pflanzen gedeihen besonders üppig. Der Frühling lässt in Seetal am längsten auf sich warten, aber der Garten trotzt den Witterungsverhältnissen.

Elfriede, die das Wissen ihrer Mutter und die gärtnerische Erfahrung ihrer Schwiegermutter sehr gut für sich zu verwenden wusste, wäre während der Zeit einer schweren Krankheit schon beinahe vor dem gärtnerischen Aus gestanden.

Malven am Hochbeet

„Meine Leute daheim haben schon gemeint, es wäre gescheiter, den Garten zuzusäen", erinnert sich Elfriede. „Dabei bin ich durch den Garten wieder gesund geworden!"

Dann wollte sie eine Kräuterspirale bauen. Ihr Mann brachte die Steine und glaubte, die anderen Leute würden ihn für verrückt erklären, weil er die Steine, die er früher vom Feld weggeschafft hatte, wieder in den Garten zurückholte.

„Nein, perfekte Gärtnerin bin ich keine", meint Elfriede und ich merke an, dass eine Gärtnerin sowieso nie ganz zufrieden ist.

Vor ein paar Jahren hat sie die Ausbildung zur Kräuterpädagogin gemacht. Sie wollte wieder etwas für sich tun. Auf Anfrage leitet sie Kräuterspaziergänge, wobei sie auf die Wildkräuter am Wegesrand aufmerksam macht. Die Leidenschaft für den Garten und die Kräuter hatte sie schon immer.

Gesät wird fast alles, was die Familie so braucht. Manches kann dann an Freunde und Verwandte weiterverschenkt werden.

Im Jahr 2009 hat Anfang Juli der Hagel alles zerstört. Aber der Garten hat sich wie durch ein Wunder wieder so gut erholt, dass noch eine gute Ernte möglich war. Vielleicht bewirkte Elfriedes ruhige Hand einen Teil dieses Wunders?

„Ein hochgestellter Priester des Domkapitels zu Salzburg reiste zur Wahl eines Erzbischofs von Graz über Seethal nach Salzburg, begegnete dem Pfarrer in Seethal, wie er eben Dünger auf seine Felder führte. Der Domherr stellte ihm das Ungeziemende und Unwürdige so schmutziger Beschäftigung vor, worauf sich der Vikar damit entschuldigte, dass er, wenn er leben wolle, dies thun müsse, da es ihm bei dem kargen Erträgnisse seiner Pfründe keinen Knecht erlaube!"

Ignaz von Kürsinger, „Lungau", 1853

Kräuterlimo

10 Gierschblätter
1 Gundelrebe
1 Pfefferminze
1 l Apfelsaft
1 l Mineralwasser
1 Zitrone

Zitrone in Scheiben schneiden, mit den Kräutern drei Stunden lang in Apfelsaft und Mineralwasser ziehen lassen, dann abseihen und trinken.

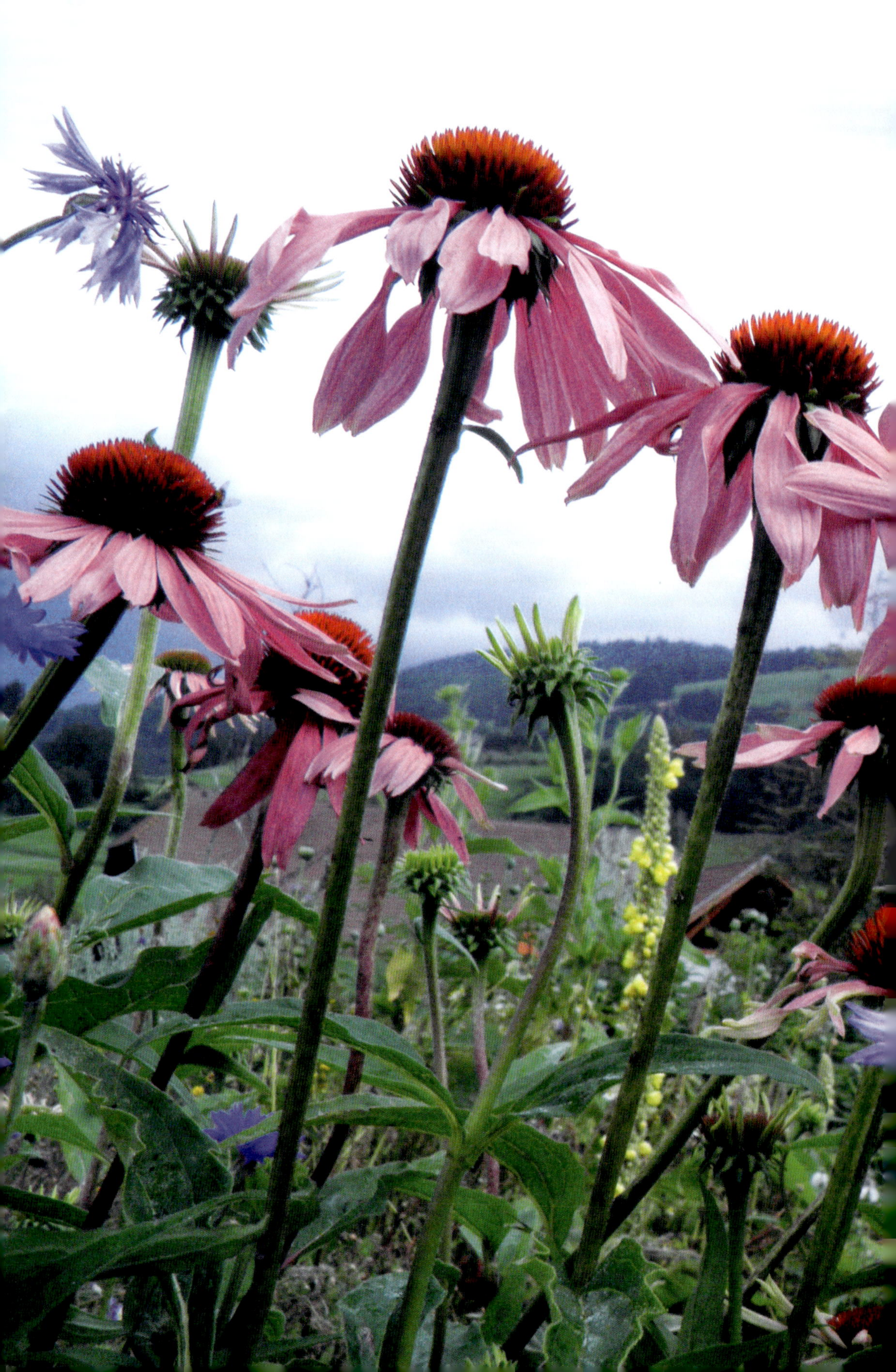

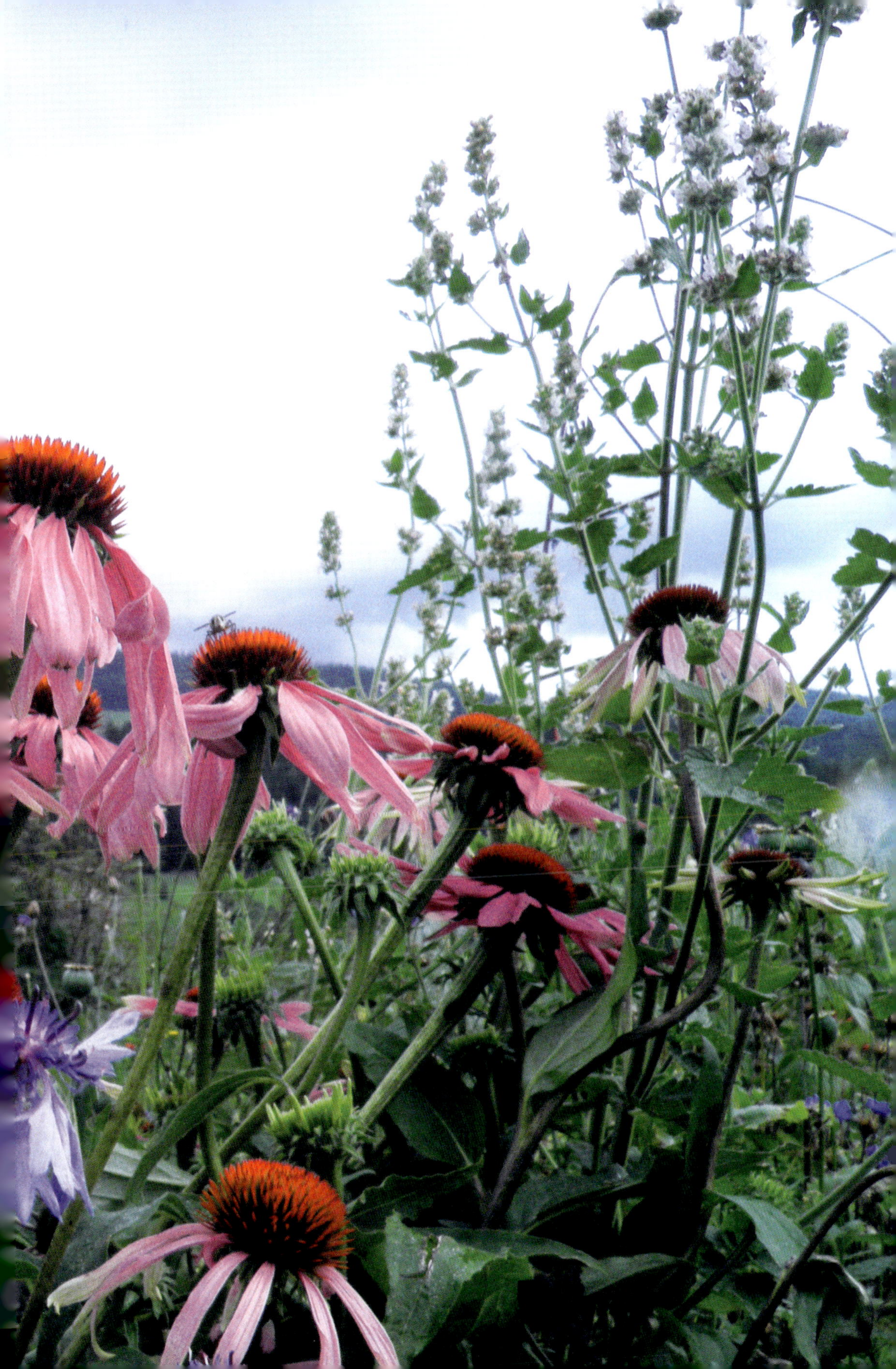

Farnkraut für die Apfellagerung

Vorratshaltung in der bäuerlichen Vollwertküche

„Damit wir uns am geernteten Obst und Gemüse lange erfreuen können, ist eine gute Lagerung wichtig. Der ideale Lagerkeller hat eine Temperatur von 2–7 °C und eine Luftfeuchtigkeit von 80–90 Prozent. Wer keinen Erdkeller hat, kann den Kellerboden mit Ziegelsteinen auslegen und begießen. Die Feuchtigkeit wird auf diese Weise langsam an die Luft abgegeben und das Gemüse vertrocknet nicht.

Wurzelgemüse (Karotten, Rote Rüben, Sellerie, Petersilie, Rettich) lagere ich so ein: Mit der Gartengabel aus dem Beet heben, das Laub abschneiden oder abdrehen. Die Sellerie- oder Petersilienblätter kann man auch für Suppenwürze trocknen oder einfrieren. Das Gemüse lagenweise in ein Erd-Sandgemisch einschlichten. Dafür eignen sich Holzkisten, Steinguttöpfe oder lebensmittelechte Plastikbehälter.

Für Erdäpfel beträgt die ideale Lufttemperatur 4 °C. Kein Licht dazulassen, damit sich die Knollen nicht grün verfärben (giftiges Solanin). Den Keller immer wieder lüften und die Knollen kontrollieren.

Krautköpfe lasse ich nach der Ernte einige Tage im Freien an einem luftigen, schattigen Platz liegen. Die äußeren Blätter trocknen dann ein wenig ein und man kann so Schimmelbefall vermeiden. Anschließend werden sie auf Holzregale aufgereiht, wo sie sich gegenseitig nicht berühren. Krautköpfe, die aufgesprungen sind, verarbeite ich gleich zu Sauerkraut:

Für 4 kg geputztes Kraut nehme ich etwa 15 g Salz. Nach dem Schneiden stampfe ich es mit der Faust in Einmachgläser, bis sich genug Saft gebildet hat. Mit einem Krautblatt abdecken und mit Gummiringdeckel schließen (oder Schraubverschluss). 1 Woche in der Küche stehen lassen, dann in die Speisekammer oder in den Keller stellen. Nach 4–8 Wochen ist das Sauerkraut fertig.

Zwiebeln ernte ich bei trockenem Wetter. Die grünen „Schloten" gut einziehen lassen, nach dem Putzen in trockenen Räumen lagern."

Obst einlagern: Frühäpfel, die sich nicht lange halten, werden zu Mus eingekocht oder für Kuchen und Apfelstrudel geschnitten eingefroren. Apfelspalten kann man auch gut trocknen, ebenso die Schalen von Äpfeln und Birnen für Tees. Je besser das Obst am Baum ausreifen kann, desto länger hält es sich im Winterlager. Wir legen die Äpfel in eine Holzkiste mit frischen, feuchten Sägespänen.

Äpfel und Kartoffeln sollte man nicht im selben Kellerraum einlagern.

Wintersalate kann man lange im Beet lassen, viele vertragen bis zu minus 5 °C. Grünkohl und Kohlsprossen sogar bis zu minus 10 °C. Im Garten überwintern kann man Porree, Vogerlsalat, Schwarzwurzeln, Radicchio und Topinambur. Um das Gemüse schneefrei ernten zu können, wird es im Herbst mit Fichtenästen abgedeckt. So haben wir im Winter die Möglichkeit, gesund und abwechslungsreich zu kochen, und die oft mühevolle Gartenarbeit hat sich gelohnt.

(Elisabeth Lüftenegger, Mitgliederinformation BIO Austria, Ausgabe 9/2007)

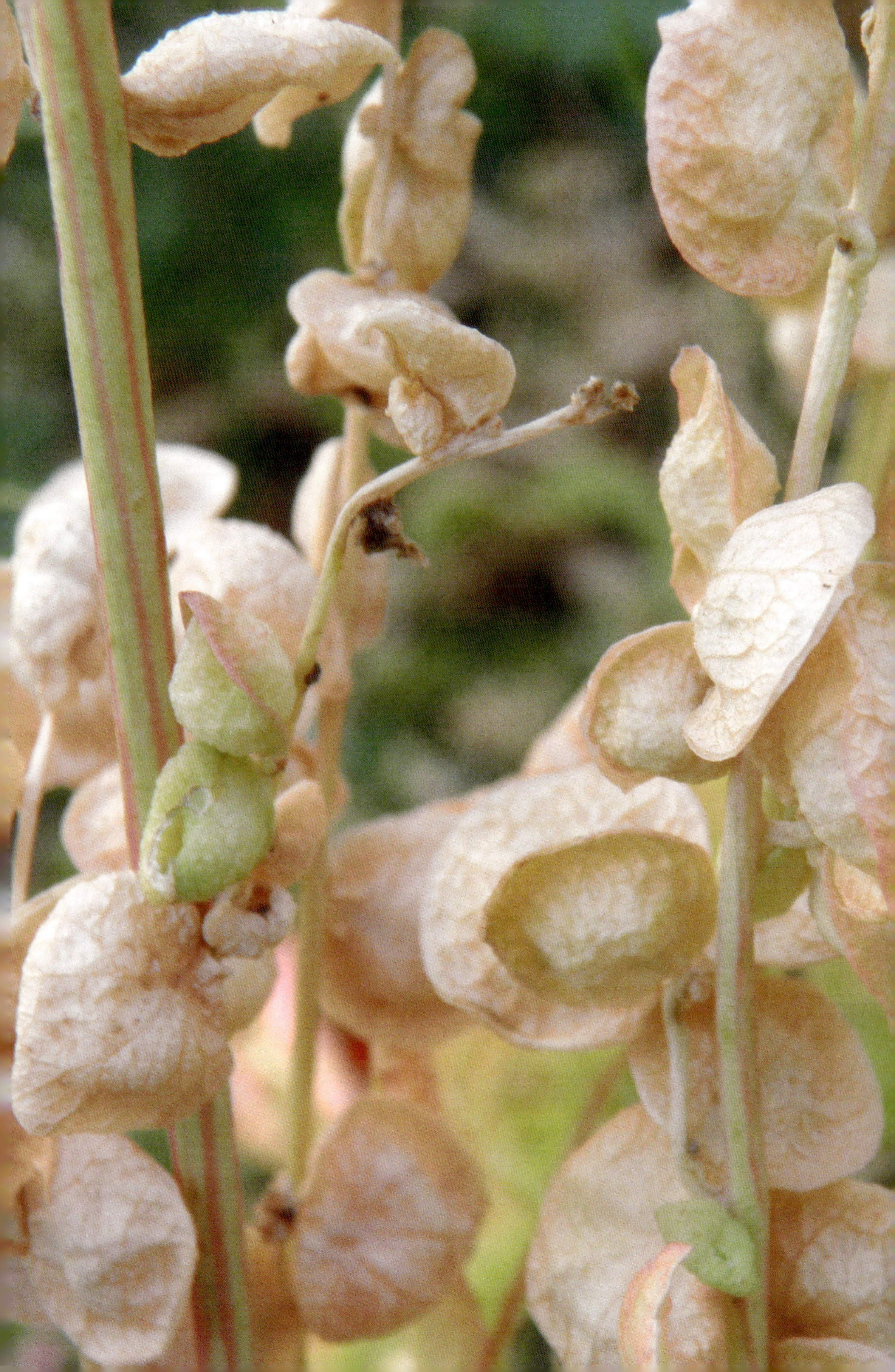

Möglichkeiten der Kräutertrocknung und -verarbeitung

1. Kräuter zusammenbinden und an einem luftigen, trockenen Platz aufhängen.
2. Wer einen Holzofen oder Kachelofen besitzt, kann die Restwärme ausnützen und die Kräuter auf ein Backblech, das mit Backpapier oder Küchenrolle abgedeckt wurde, auflegen und auf den Ofen stellen.
3. Stapelbare, niedrige Kartonkisten, die im Supermarkt abfallen, sind dafür ebenfalls sehr praktisch. Mit Baumwolltüchern auslegen und dann die Kräuter darauf ausbreiten. Man kann bis zu 10–12 Kartons übereinanderstapeln.
4. Es gibt auch Kräutertrockner. Das ist ein Ständer mit eingefrästen Rillen, in welche mit Fliegengitter bespannte Holzrahmen eingeschoben werden können.

Kräutertrockner selber bauen:
Unser Kräutertrockner, der schon einmal einen Tüftler-Preis gewann, hat folgende Konstruktion: Ein Holzgestell mit einem schrägen Dach wird auf eine EURO-Palette aufgebaut. Die Wände werden außen mit Kupferblech verkleidet und darüber mit Holzleisten noch eine Plexiglasplatte angebracht, damit ein Zwischenraum von circa 5 cm entsteht. Auf dem Dach wird eine kleine Solarzelle angebracht, die bei Sonnenschein einen Mini-Ventilator betreibt. Der Ventilator bewegt die warme Luft im Innenraum des Trockners. Zwischen der Palette am Boden und dem Trockenraum werden auf bis etwa 30 cm Höhe Granitsteine eingefüllt, die sich bei Tag erwärmen und bei Nacht die gespeicherte Wärme in den Trockenraum abgeben. So sind die Kräuter nach 2–3 Tagen trocken.

Für Verständnisfragen kontaktieren Sie bitte die Kräuterinitiative Lungau:
trimmingerhof@aon.at

Für vieles ist ein Kraut gewachsen

Frühlingskräuterpaste
Da im Lungau der Bärlauch nur sehr dürftig wächst und Basilikum im Glashaus bloß langsam dahinvegetiert, sammle ich im Frühjahr alles, was mir die Natur an frischen Kräutern bietet: Brennnessel, Giersch, Brunnenkresse, Wiesenschaumkraut, Gundelrebe, Löwenzahn, Melde, Liebstöckel. Ich wasche und schneide die Kräuter, drehe sie durch den Fleischwolf (oder zerkleinere sie mit der Küchenmaschine), gebe 20 Prozent Salz und 10 Prozent Olivenöl dazu. Man könnte auch noch Gänseblümchen daruntermischen und geriebenen Bergkäse oder gehackte Kürbiskerne dazugeben.

Die Kräuterpaste eignet sich vorzüglich für Nudelgerichte, für Salatmarinaden oder ich gebe sie in die Bratpfanne, noch ein wenig Olivenöl dazu, und lasse geschnetzeltes Schaffleisch darin anbraten.

Frühjahrskur
Eine besondere Vorliebe habe ich für Liebstöckel-Tee. Das ist meine Frühjahrskur mit Löwenzahnstängeln, jeden Tag 2–3 Tassen Tee und 2–3 Stängel essen und das Mittagsschläfchen erübrigt sich.

Kräuterzucker
Getrocknete Rosenblüten, Veilchenblüten oder Minzblätter klein schneiden, Zucker dazugeben, auf Butterpapier ein paar Tage lang trocknen lassen und mit der Kaffeemühle fein mahlen. Kann für Joghurt oder für Weihnachtskekse zum Bestreuen verwendet werden.

Salbeipalatschinken
Salbei grob hacken und zum Palatschinkenteig mischen. Kann süß mit Marmelade oder mit Kräutertopfen gegessen werden – oder mit Vanilleeis.

Brennnesseln im Bierteig
Junge Brennnesseln sauber waschen, einen Palatschinkenteig statt mit Milch mit Bier anrühren, die Brennnesseln darin eintauchen und in Butterschmalz herausbacken. Dazu gibt es eine Joghurt-Kräutersoße.

Kräuter für das Wohlbefinden
Massageöle
Öle (Nussöl, Sesamöl …) mit getrockneten Kräutern ansetzen: Rosmarin, Johanniskraut, Lavendel, Rosenblätter, Königskerzenblüten. Drei Wochen stehen lassen, abfiltern, in dunkle Flaschen füllen.

Kräuterbäder oder Kräuterfußbäder
Eine Handvoll getrocknete oder frische Kräuter mit 1 l Wasser aufkochen, abseihen und ins Badewasser gießen.
Bei Fußbädern können auch die frischen Kräuter dem Wasser zugesetzt werden.
Bevorzugte Kräuter: Lavendel, Rosenblüten, Liebstöckel, Ysop, Lindenblüten, Heublumen, Rosmarin, Haferstroh, Kamille, Birkenblätter, Salbei, Zinnkraut.

Haarspülung mit Kräutern
Dazu einen Absud aus den gewünschten Kräutern herstellen, abseihen und abkühlen lassen, nach der Haarwäsche damit spülen.
Salbei – vertieft die Farbe bei dunklem Haar
Kamille – zum Aufhellen
Thymian – gegen Schuppen
Rosmarin – bei stumpfem Haar
Brennnessel – pflegende Wirkung

Gesichtsmasken
Mit Naturjoghurt einen Brei aus verschiedenen Kräutern bereiten, auf ein Tuch streichen und auf das Gesicht legen. 15 Minuten lang darauf belassen.
Bevorzugte Kräuter: Stiefmütterchen, Vogelmiere, Lindenblätter, Fingerkraut.

Kräuterkissen
Für Kräuterkissen sammle ich Heublumen (Wiesenblumen und Gräser). Sie werden getrocknet und in Baumwollsäckchen gefüllt. Sie dienen einmalig zum Machen von warmen Wickeln bei Verspannungen, Schlaflosigkeit oder Bauchgrimmen. Dazu werden sie über Dampf erwärmt und auf betroffene Körperstellen gelegt. Dabei sollten sie gut zugedeckt werden, damit sie nicht so schnell auskühlen.

Kräuter zum Schutz vor Insektenstichen
Melissenblätter, Lavendelblüten, Rosmarinblätter, Salbei eine Woche lang in 1 l Apfelessig ansetzen, abseihen, und in Sprühflaschen füllen.

Kräuter zum Räuchern
Nicht nur zur Weihnachtszeit kann mit Kräutern im Haus oder um das Haus geräuchert werden. Gut dazu eignen sich Beifuß, Eberraute, Katzenminze, Wermut, Wacholder oder Balsamkraut mit ein paar Körnchen Fichten oder Lärchenharz. Das bringt guten Duft und neue Energie ins Haus.

Wolle und Seide färben mit Kräutern:
Für 1 kg Wolle oder Seide werden 1 kg getrocknete Blüten verwendet. Für Gelbtöne eignen sich Rainfarn, Tagetesblüten, Birkenblätter, Färberkamille, Zwiebelschalen oder Johanniskraut. Andere Farbtöne sind schwieriger herzustellen.
Für die Färbung werden die einzelnen Kräuter einen Stunde lang in reichlich Wasser (20 Liter) ausgekocht. Dann filtert man den Absud und lässt ihn auskühlen. Die Wolle

oder Seide wiederum eine Stunde im Farbsud kochen lassen, alles auskühlen lassen und dann gründlich ausschwemmen und trocknen lassen.

Kräuter für die Pflanzengesundheit
Kräuterjauche ansetzen mit
Beinwell – bei Kaliummangel und zur Düngung
Brennnesseln – gegen Läuse und Milben, zur Pflanzenstärkung
Rainfarn – gegen Pflanzenschädlinge
Holunderblätter – zur Vertreibung der Wühlmäuse
Tabakblätter – gegen Lilienhähnchen beim Schnittlauch

Gartentipps mit Kräutern
Zwiebel und Lauch zwischen die Karotten setzen! Das verhindert den Grauschimmel und wirkt auch gegen Milben bei den Erdbeeren.
Johanniskraut zwischen die Kartoffeln zu säen hilft gegen Virusinfektionen der Knollen. Die Setzkartoffeln 6–7 Tage nach der Ernte an die Sonne stellen (ohne Nachtfrost), dann erst in den Keller – verhindert die Krautfäule.
Setzkartoffeln und anderes Saatgut mit Zwiebelschalen zu beizen verhindert ebenfalls Krautfäule.
Tomatenblätter zwischen die Kartoffelreihen legen – das mag der Kartoffelkäfer nicht.

Obst- und Gartenbauvereinsgeschichte

Um sich ein Bild von der Lungauer Obst- und Gartenbau-Tätigkeit zu machen, erkundigt man sich am besten bei den Obst- und Gartenbauvereinen.

Josef Anthofer hat 2002 in Tamsweg den Obst- und Gartenbauverein übernommen. „Damals waren es nur mehr 20 Mitglieder und sonst wollte niemand weitermachen", erzählt er. Inzwischen hat der Verein wieder 180 Mitglieder, was sicherlich auf die vielen Aktivitäten wie die Baumpflanzaktion und die gelungene Obstausstellung im Jahr 2008 zurückzuführen ist.

Jährlich werden Baumschnitt- und Veredelungskurse organisiert. Viele junge Gärtner haben wieder Interesse am Obst- und Gartenbau, die Jahreshauptversammlung ist gut besucht.

Johann Praxmarer, Alexander Jud, Peter Binggl, Thomas Wieland, Nikolaus Noggler, Johann Mittersackschmöller, Josef Waldner, Anton und Hans Guggenberger sind nur ein paar bedeutende Namen, die sich im Lungau um den Obst- und Gartenbau verdient gemacht haben. Die meisten von ihnen kamen um 1890 aus Südtirol und waren Lehrer. 1893 wurde von Johann Praxmarer und Peter Binggl die erste Baumschule angelegt. Der Obst- und Gartenbauverein wurde um 1920 vom Tonibauern gegründet. In den 1930er-Jahren wurde eine Obstpresse angekauft und war lange in Betrieb.

Der Erste der Guggenberger-Dynastie war Anton Guggenberger. Er hatte als Lehrer in Sauerfeld besondere Ambitionen, den Schülern das Wissen um den Obstbau näherzubringen: „Wird aber Sorge getragen, dass bei jeder Schule ein Plätzchen zur Anlage eines Schulgartens ausgemittelt wird, so werden auch die Kinder die nötige Anleitung in der Obstbaumzucht erhalten können und es wird ihnen auf diese Weise Eifer und Freude für diesen Zweig der Landwirtschaft eingepflanzt!"[12]

Sein Sohn, Hans Guggenberger, organisierte 1928 die erste Obstschau in Tamsweg. Der Cellini, weißer Klarapfel, Croncels, der Bismarckapfel, Charlamovsky und der Jakob-Lebel-Apfel wurden von ihm favorisiert.

Die Spuren der einstigen Pioniere sind im ganzen Lungau zu finden. Viele alte Obstbäume gehen auf die Gründerzeit zurück. Und noch immer leisten die Aktivitäten der Obst- und Gartenbauvereine einen wesentlichen Beitrag für die Vielfalt in den Gärten.

Josef Anthofer mit der Marille „Ungarische Beste"

Nachwort: Gedanken zu den Prinzipien des Gärtnerns
von Michael Machatschek

Gärtnern stellt eine wichtige Basis im wirtschaftlichen Freiraum und im Weitertragen handwerklicher Kenntnisse dar. Einen eigenen Garten zu haben ist eine Qualität, darin zu gärtnern eine sogar noch höhere, wenn man es vermag, eigenes Gemüse und Kräuter zu erwirtschaften.

Warum sollte man heute gärtnern, wenn doch die Lebensmittel in den Supermärkten wesentlich billiger zu kaufen sind? Ziel ist die Absicherung des Lebensunterhaltes, auch wenn heute großteils Lebensmittel zugekauft werden. Bei der Gartenarbeit geht es auch um Werte jenseits des Hobbywissens, denn in den Gärten ist eingeschriebenes Wissen enthalten. Durch das Tun werden die Kultivierungsarbeit, die Bevorratung und das Kochen mit den geernteten Gartenfrüchten den nächsten Generationen vorgelebt und weitervermittelt.

Fruchtfolgen in vier Abteilungen
Innerhalb der Gemüsearten benötigen einige mehr oder schneller verfügbare Nährstoffe als andere, weshalb zwischen Stark-, Mittel- und Schwachzehrern unterschieden wird. Um diese Eigenarten der Pflanzen zum Wohl ihres Gedeihens und zur Ertragssicherheit zu nützen, ist ein Rotationsprinzip in der Düngerausbringung (als Fruchtfolge) sinnvoll. Aus dieser ergeben sich vier Abteilungen (auch in Form mehrerer Beete), in denen drei zehrende Schläge und ein Brachschlag zur Anlage kommen, welche sich nach jedem Jahr in der Reihenfolge abwechseln. Ob Reihen- oder Beetkultur, mit vielen oder wenigen Unkräutern, der jährliche Wechsel der einjährigen und als einjährig kultivierten zweijährigen Gemüsearten führt zu einer höheren Wertschöpfung und Ertragssicherheit. Die Kulturfolge unterliegt dem Rotationsprinzip: Starkzehrer, Mittel- und Schwachzehrer und Brache in Anlehnung an den Kulturwechsel bei der Dreifelderwirtschaft.

Das bedeutet, gedüngte Standorte werden mit Starkzehrern (Kohlarten, Sellerie, Tomaten, Kürbis, Endiviensalat, Gurken, Lauch, Zucchini, Frühkartoffeln) bepflanzt. Dieselben Flächen nutzen ein Jahr später ohne Düngung die Mittelzehrer (Karotte, Rote Rübe, Zwiebel, Rettich, Mangold, Erdbeere, Spinat, Fenchel, Knoblauch, Hafer- und Schwarzwurzel, Kopfsalat) und dann nachfolgend die Schwachzehrer oder Stickstoffsammler (wie Bohnen, Erbse, Salat, Melde, Radieschen, Petersilie, Vogerlsalat). Im vierten Jahr können zur Ausnutzung der Bodenverhältnisse und zum Aufbau der natürlichen Fruchtbarkeit auf den nicht zur Düngung vorgesehenen „Rastflächen" zusätzlich weitere stickstoffsammelnde Arten oder anspruchslose Brachpflanzen (Kümmel, Schabzigerklee, Rotklee, Buchweizen, Phazelie, Zierblumen, Heilkräuter, Färbepflanzen) gesetzt werden. Diese Brachphase dient der Bodenregeneration und der Vermeidung der Übertragung von Krankheiten.

Nach diesem Jahr erfolgt eine Düngung und auf diesem Beet sind wieder Starkzehrer vorgesehen.[13] Die entsprechenden Arten der Fruchtfolgegruppen sind in diversen Fachbüchern näher dargestellt.

Viele heute in üblicher Weise vertriebene Sorten sind in der Züchtung auf die maschinell forcierte Ackerkultur und die industrielle Verarbeitung ausgerichtet. Sie stellen vielfach geschmacklose Artefakte der Ursorten dar, welche für die Gärtnerei und die Küche nicht viel taugen. Für die autonome Versorgung mit Samen und somit für das unabhängige regionale Wirtschaften werden in Hinkunft gerade Haus- und Kleingärten eine bedeutsame Rolle spielen.[14]

Michael Machatschek, studierte an der Universität Bodenkultur in Wien Landschaftsökologie, war Bauer im Mölltal und lebt heute auf einem Bauernhof im Gitschtal. Er ist Autor verschiedener Bücher, leitet Landschafts-, Weide- und Almerhaltungsprojekte und setzt sich als Freiberufler für die Erhaltung und Weitervermittlung des alten Gebrauchswissens ein.

Rezeptverzeichnis

Gemüseküche

Brennesseln im Bierteig	148
Brokkoliauflauf	116
Duschensuppe	56
Eachtlingauflauf mit Gemüse	110
Eingelegte Zucchini	80
Eingelegter Kürbis	60
Eingemachte Rona	114
Frischer Gemüsesaft	24
Gefüllte Zucchini	38
Gemüsepfanne	124
Gemüsesuppe	78
Grünkohlgemüse	89
Kartoffel-Kräutersuppe	43
Kürbiscremesuppe	99
Kürbisgemüse	49
Lauchcremesuppe	28
Marinierter Knoblauch	66
Marinierte Zucchini	122
Nudelauflauf mit Gemüse	82
Rohkost mit Duschen	58
Rote-Rüben-Rohkost	85
Saubohnensalat	53
Selleriepulver	21
Spinatpalatschinken	70
Suppengewürz	104

Kräuterküche

Apfelminzsirup	45
Borretschaufstrich	134
Dillsoße	107
Frühlingskräuterpaste	148
Frühlingskräutersalat	33
Gewürzsalz	136
Kräuterbowle	107
Kräuteressig	128
Kräuterlimo	141
Kräutermost	94
Kräuteröle	128
Kräutersalz	136
Kräutersuppe	26
Kräuterzucker	148
Petersilienwein	97
Rosmarinöl	97
Salbeipalatschinken	148
Selbst gemachtes Bier	126
Topfenaufstrich mit Kräutern	76
Wermutwein	97

Süße Gartenfreuden

Fruchtsaft	687
Grießknödel mit Erdbeersoße	47
Hollersirup	50
Kürbiskompott	138
Rhabarberkompott	73
Tomatenmarmelade	101
Vogelbeermarmelade	120
Zucchinischnitten	112

Kräuter für das Wohlbefinden

Frühjahrskur	148
Für Wetterfühlige	106
Gesichtsmasken	149
Haarspülung mit Kräutern	149
Kräuter zum Räuchern	149
Kräuter zum Schutz vor Insektenstichen	149
Kräuterbäder oder Kräuterfußbäder	149
Kräuterduftkissen	30
Kräuterkissen	149
Krenschnaps	106
Massageöle	148
Wolle und Seide färben mit Kräutern	149

Gartengeheimnisse

Gartentipps	150
Kompostbeschleuniger	41
Kräuterjauchen	150
Schneckenverwirrer	41

Begriffserklärungen:

Aufpfälzen – Veredelungsmethode
Betunarosen – Pfingstrosen
Brein – Hirse
Diptam – Aschwurz
Dirndl – Kornelkirsche
Dost – Bergoregano
Duschen – Kohlrüben
Eachtling – Kartoffeln
Erdäpfel – Kartoffeln
Frenten – Fässer
Gischgalatzn – Berberitzen
Gloster/Glosterbeeren – Jostabeeren
Grantn – Preiselbeeren
Graschgl – Eichelhäher
Haar – Lein
Harland – Liebstöckel
Holler – Hollunder
Karfiol – Blumenkohl
Krampen – Pickel
Kren – Meerrettich
Kriecherl – wilde Pflaume
Maggikraut – Liebstöckel
Miggatzn – Stachelbeeren
Mulchen – mit Rasenschnitt oder Stroh die Gartenbeete bedecken
Paradeiser – Tomaten
Patschen – Hagebutten
Porree – Lauch
Ribisel – Johannisbeere
Rona – Rote Rüben
Runkeln – Futterrüben
Scheibtruhe – Schubkarre
Schwund abbeten – magische Heilmethode
Strankala – Stangenbohnen
Tauernroggen – alte Lungauer Roggensorte
Troadkasten – Getreidespeicher
Weichsel – Sauerkirsche

Abkürzungen:

l … Liter
g … Gramm
kg … Kilogramm
ml … Milliliter
TL … Teelöffel
EL … Esslöffel

Rosalie Hötzer:
Geboren 1960 in Wald im Pinzgau, betreibt mit ihrem Mann Edi und ihren vier Kindern einen Biobauernhof in Sauerfeld bei Tamsweg; Kräutergärtnerin, Organisatorin der Kräuterinitiative Lungau mit Kräutervorträgen, Seminaren und Workshops über Anbau und Verarbeitung von innovativen regionalen Produkten.

Literaturhinweise, Quellenverzeichnis

Ammann, Ruth: *Der Zauber des Gartens und was er unserer Seele schenkt*, Kösel Verlag 1999

Baier, Andrea; Müller, Christa; Werner, Karin: *Wovon Menschen leben: Arbeit, Engagement und Muße jenseits des Marktes*, oekom Verlag, München 2007

Blinzer, Christian: *Unentwegt bewegt. Margit Gräfin Szapary (1871–1943)*. Verlag W. Pfeifenberger, Tamsweg 2008

Der Salzburger Bauernkalender 2004, Verlag Anton Pustet

Erven, Heinz: Mein Paradies. *Druck- und Verlagshaus Wienand, Köln 1981*

Fukuoka, Masanobu: *Die Suche nach dem verlorenen Paradies. Natürliche Landwirtschaft als Ausweg aus der Krise.* pala-verlag, Schaafheim 1987

Gaius Plinius Secundus: *Naturalis Historia.* Zitiert nach: Möller, Lenelotte; Vogel, Manuel (Hrsg.): *Die Naturgeschichte des Gaius Plinius Secundus.* Ins Deutsche übersetzt und mit Anmerkungen versehen von Georg C. Wittstein. 2 Bände, Marix Verlag, Wiesbaden 2007 (Neuauflage der Übersetzung von 1880–1882)

Haffinger, H.: *Geographie, Klima, Vegetation und Volkswirtschaft im Lungau.* Hartlebens Verlag Wien – Leipzig, 1913/14

Heistinger, Andrea. & und MitarbeiterInnen der Arche Noah – 2010: *Handbuch Bio-Gemüse. Sortenvielfalt für den eigenen Garten.* Innsbruck.

Heitzmann, Klaus, Anton und Josefine: *Tamsweg. Die Geschichte eines Marktes und seiner Landgemeinden.* Wolfgang Pfeifenberger Verlag, Tamsweg 2008

Hübner, Lorenz: *Beschreibung der hochfürstlich-erzbischöflichen Haupt- und Residenzstadt Salzburg und ihrer Gegenden verbunden mit ihrer ältesten Geschichte.* 2 Bde. Im Verlage des Verfassers, gedr. bei F.X. Oberer, Salzburg 1796

Hueber, Joseph Benedikt: *Topographische Beschreibung der Landschaft Lungau im Fürstenthume Salzburg.* Waisenhausbuchhandlung, Salzburg, 1786

Hülbusch, K.H. – 2001: *Gemüsebau in vier Abtheilungen.* In: *Der Gartenbau in vier Abtheilungen oder – Die Haus-Gemüse-Wirtschaft. Notizbuch 57 der Kasseler Schule:* 135-140. Hg.: Arbeitsgemeinschaft Freiraum und Vegetation. Kassel.

Iglhauser, Bernhard: *Apimundia. Land der Eistränen – Heimat der Poeten.* Festschrift der Jubiläumswoche der Lungauer Obst- und Bienenzuchtvereine, Eigenverlag des Nationalparkvereins Hohe Tauern, Hüttschlag 1993

Kraus, Ferdinand: *Der Lungau.* Leykam, Graz 1894

Kreuter, Luise: *Pflanzenschutz im Biogarten.* BLV Verlagsgesellschaft mbH, München 2001

Kürsinger, Ignaz von: *Lungau. Historisch, ethnographisch und statistisch aus bisher unbenützten urkundlichen Quellen dargestellt.* Nachdruck. St. Johann im Pongau, Österreichischer Kunst- und Kulturverlag 1981 (Originalausgabe der Obererschen Buchhandlung 1853), 1853

Machatschek, Michael: *Das in der Alltäglichkeit in Vergessenheit geratene Wissen über Bauerngärten.* Vortragsmanuskript im Rahmen des Projektes Schatzkammer Hohe Tauern, Seminar in Tamsweg, 1998

Machatschek, Michael: *Nahrhafte Landschaft. Ampfer, Kümmel, Wildspargel, Rapunzelgemüse, Speiselaub und andere wiederentdeckte Nutz- und Heilpflanzen.* Böhlau-Verlag. Wien, Köln, Weimar, 3. Auflage 2007.

Machatschek, Michael: *Nahrhafte Landschaft Band 2. Mädesüß, Austernpilz, Bärlauch, Gundelrebe, Meisterwurz, Schneerose, Walnuß, Zirbe und andere wiederentdeckte Nutz- und Heilpflanzen.* Böhlau-Verlag. Wien, Köln, Weimar 2004

Mitglieder-Info BIO Austria, 9/2007

Miller, Phlip: *Küchengarten.* In: Küster Hansjörg und Ulf (Hrsg.): Garten und Wildnis. Landschaft im 18. Jahrhundert. Verlag C. H. Beck, München

Nearing, Helen und Scott: *Fortführung des guten Lebens,* Pala-Verlag, Darmstadt 1997

Saathoff, Johann: *Der eigene Garten.* Verlag Paul Parep, Berlin-Wannsee 1936

Standl, Josef A. (Hrsg.): *Salzburger Obst- und Bauerngartl. Ein Praxisbuch. Gartenarbeit nach dem Mondkalender.* Dokumentation der Zeit, Oberndorf 1999

Vergil: *Georgica „Vom Landbau".* Zitiert nach: Schönberger, Otto (Hrsg. u. Übers.): P. Vergilius Maro, Georgica. Reclam, Stuttgart 1994

Vierthaler, Franz Michael: *Meine Wanderungen durch Salzburg Berchtesgaden und Österreich.* Carl Gerold Verlag, Wien 1816

Vogl-Lukasser, Brigitte: *Übern Zaun g'schaut. Osttiroler Bäuerinnen und ihre Gärten.* Tyrolia- Verlag, Innsbruck-Wien 2007

Wallmann Heinrich: *Lungaus Land und Leute.* Vorgetr. in den Versammlungen des Oesterreichischen und Deutschen Alpenvereins am 16.11. und 16.12.1863. Mitteilungen des Alpenvereins Wien, Salzburg 1864

Widmayr-Falconi, Christiane: *Bezaubernde Landhaus-Gärten: phantasievolle Ideen, praktische Tips, genaue Pflanzentabellen.* Weltbild Verlag, Augsburg 2001

Wirnsperger, Peter: *Das alte Lungauer Bauernhaus.* Eigenverlag des Lungauer Landschaftsmuseums 1994

Endnoten

1 Heinz Erven: Mein Paradies. 1981
2 Ignaz von Kürsinger: Lungau. Historisch, ethnographisch und statistisch aus bisher unbenützten urkundlichen Quellen dargestellt. 1853
3 Klaus, Anton und Josefine Heitzmann: Tamsweg. Die Geschichte eines Marktes und seiner Landgemeinden. 2008
4 Bernhard Iglhauser: Apimundia. Land der Eistränen – Heimat der Poeten. 1995
5 „Land der Eistränen". Festschrift der Jubiläumswoche der Lungauer Obst- und Bienenzuchtvereine, 1993
6 Masanobu Fukuoka: Die Suche nach dem verlorenen Paradies. 1987
7 Michael Machatschek: Nahrhafte Landschaft, 1999
8 Helen und Scott Nearing: Fortführung des guten Lebens
9 ebd.
10 Christian Blinzer: Unentwegt bewegt. Margit Gräfin Szapary (1871–1943), 2008
11 Elfriede Kocher: der Krautkopf. In: Der Salzburger Bauernkalender, 2004
12 Bernhard Iglhauser: Apimundia. Land der Eistränen – Heimat der Poeten, 1993
13 K.H. Hülbusch: Gemüsebau in vier Abtheilungen, 2001
14 Andrea Heistinger: Handbuch Bio-Gemüse. Sortenvielfalt für den eigenen Garten, 2010

Bildnachweis

Umschlag: © Milan Bruchter 2014;
Gartennotizen © vovan 2014,
mit Genehmigung von shutterstock.com
Ernst Rainer: S. 10/11, 12, 20–26, 42, 43, 50, 51, 54–64, 98, 99, 107–110, 118–122
Salzburger Landesarchiv: S. 15, 16
Marlies Zaunbauer: S. 36, 37
Andrea Schlick: S. 44, 45
Rudi Strauß: S. 46, 47, 65–69, 71

Alle weiteren Fotos stammen aus dem Besitz der Autorin.

Ebenfalls im Verlag Anton Pustet erschienen

Aus dem Inhalt:
- Arnika
- Brunnenkresse
- Holunder
- Johanniskraut
- Lärche
- Meisterwurz
- Mistel
- Vogelbeere
- u.v.m.

Walter Mooslechner

G'sund und Guat
Früchte und Kräuter aus Wald und Flur
Natur – Küche – Gesundheit

160 Seiten, durchgehend farbig bebildert
17 x 24 cm, Hardcover, ISBN 978-3-7025-0646-9

€ 24,00

www.pustet.at

Aus dem Inhalt:
- Bärlauch
- Felsenbirne
- Giersch
- Kornelkirsche
- Mädesüß
- Waldmeister
- Waldziest
- u.v.m.

Inge Waltl

wild & köstlich
**Feine Gerichte
aus der Wildpflanzenküche**

168 Seiten, durchgehend farbig bebildert
21 x 21 cm, Hardcover, ISBN 978-3-7025-0672-8

€ 22,00